他的成功,
你也可以复制!

MINISO

重新定义全球零售业

唐一辰 著

名创优品3年50亿，逆势疯狂繁殖背后的秘密

北京大学出版社

内容提要

它2年实现全球连锁1 500家,3年实现全年营收50亿元,粉丝突破千万。有人把它看作中国实体零售业崛起的里程碑,有人称它为逆势而起的神话传说。它昭示着一个全新的商业时代的开始,一语道破"电商"与"实体"之争的迷局。它是中国商业史上一位前所未有的"混血儿",美艳惊人、理念超前。它的一招一式,都光彩夺目。

图书在版编目(CIP)数据

重新定义全球零售业 / 唐一辰著. — 北京:北京大学出版社,2017.4
ISBN 978-7-301-28016-4

Ⅰ.①重… Ⅱ.①唐… Ⅲ.①零售业—商业经营 Ⅳ.①F713.32

中国版本图书馆CIP数据核字(2017)第015007号

书　　　名	重新定义全球零售业 CHONGXIN DINGYI QUANQIU LINGSHOUYE
著作责任者	唐一辰 著
责任编辑	尹　毅
标准书号	ISBN 978-7-301-28016-4
出版发行	北京大学出版社
地　　　址	北京市海淀区成府路205号　100871
网　　　址	http://www.pup.cn　　新浪微博:@北京大学出版社
电子信箱	pup7@pup.cn
电　　　话	邮购部62752015　发行部62750672　编辑部62580653
印　刷　者	北京大学印刷厂
经　销　者	新华书店
	880毫米×1230毫米　32开本　10印张　204千字 2017年4月第1版　2017年4月第1次印刷
印　　　数	1—10000册
定　　　价	48.00元

未经许可,不得以任何方式复制或抄袭本书之部分或全部内容。
版权所有,侵权必究
举报电话:010-62752024　电子信箱:fd@pup.pku.edu.cn
图书如有印装质量问题,请与出版部联系,电话:010-62756370。

• REDEFINE THE GLOBAL RETAIL INDUSTRY • 序　言

新的时代，新的视角

1. 一个策划家的两个时代

市场的需求造就了策划家，很长时间以来，我给人的印象一直是个"策划家"，但是，毕竟是过去。

当今论起商业策划，我得承认，叶国富是其中一名高手。他用敏锐而适时的眼光，发现了商机，巧妙地整合资源，把梦想通过精心设计，构想付诸实践 而且取得了丰盛的成果。

关注名创优品是在 2013 年，而关注叶国富，则是从 2010 年前"哎呀呀"的急速连锁开始。

从 2010 年到 2016 年，我愿意把它称作"策划家叶国富的两个时代"。

第一个时代，我们将其称为：叶国富的"哎呀呀"时代。

在这个时代里，他为商业策划领域里的"预测"和"定位"

两门基础功课做出了一个又一个绝佳的范例，他准确把握了市场空缺，迅速地兜售着相应产品、快速展开配套服务（如本书当中的那个"授人以渔"的故事），他也顺其自然地取得了商业上的成功。

在这个阶段，他在展现自己的商业才华之余，将商业策划一步一个脚印地实践到了一家实体零售店可以做到的极致。

第二个时代，我们将其称为：叶国富的"名创优品"时代。

在这个时代里，他则抓准了他自己以及他的企业的核心能力，且把这个核心能力作为了企业运作的流程，而不仅仅是在产品的生产上。

对于这一点，西铁城表业的一个举例在策划领域人人耳熟能详："我生产的是表，而我从事的是制造精密的机械。"

把流程作为企业中心，这是叶国富"以一推百"的关键，是叶国富打响低价策略的坚实的后盾，是一场思维上的飞跃和变革，也是在叶国富的商业哲学在经济学角度的解读之外，从另一个视点的阐释。

可以说，在他的"名创优品"时代里，叶国富创造了一个堪称经典的商业案例，他所作出的努力正是实体零售业破冰的绝佳示例，同时，他的成功也佐证着另一个宏观上的、关乎所有实体零售企业生死的时代的到来。

众所周知，如今短缺经济的困扰已经不复存在，产品向微利靠拢，向名牌靠拢，市场国际化，知识代替资本。

在这样的大前提下，转型便成为了时代摆在实体零售业面前的一道难关，但是转型不等于换个壳子，转型不等于照搬照抄。企业家们在这个难关面前，都会担心自己倒下，而倒下往往是由于切错了脉，下错了刀。这个商业社会并不需要被重塑，需要重塑的是我们在这场有关于科学、经验和管理的冒险中所扮演的角色。

在这场挑战中，企业需要自己与自己竞争，以新代替旧，这正是叶国富一直在做的。

2. 透过互联网的"窥镜"看实体零售

得知有人要写这么一本书，讲述名创优品乃至叶国富其人的商业哲学，我感兴趣之余，却毫不意外。因为正像我前面说过的那样，叶国富已经成为实体零售业的一根标杆，分析他的成功之道无论对于解读一个时代、还是对为企业家们提供启发来说，都有着重要的意义。

可最有意思、也最出乎我意料的是，本书的作者是一位年轻的互联网作者，她写科技人文、写互联网、也写创业指导；她做过电商，参与过互联网爆款产品的开发和运作，也见证过网红式营销的异军突起。

透过她的眼睛，让我发现了一个"超乎常规"的、有别于一般的财经作者口中的名创优品。

从新视角看待问题，恰巧也是策划学中必不可少的一门功课。犹然想起著名的策划大师柯维的宣言：我要做有意义的冒险，我要梦想，我要创造，我要失败，我也要成功——我不想模仿竞争者，我要改变整个游戏规则。愿以这段话送给叶国富和有志于成为策划高手的朋友们。

百家争鸣带来的思维的碰撞，其激烈程度大概不亚于近几年来关于"电商冲击实体业"的议题的探讨，可这也许恰恰就是这个互联网时代给予我们的馈赠。

徐　源

中国市场学会副会长

1. 关于前言

每每最难下笔的莫过于前言,毕竟作为一本几乎无关乎文学创作的作品,一个主观地表达情感的机会弥足珍贵……

有人说,对于创业者而言有两种东西十分宝贵:其一是时间,其二是坚持。

而关于写作,恰也有这么两种东西:其一是坦诚,其二是真实。其宝贵性远超过五花八门的技法和富丽堂皇的修辞。

秉承着这种原则,除全文的客观陈述之外,我愿意在这里带着另一种眼光和心情重新谈一谈这家"逆势而生"的实体企业——名创优品。

2. 关于名创优品

名创优品是一簇"火花"。

这是我写它的起因。

这种认知，源于我在写作和绘画上的一种偏执。在我看来写作与绘画是类似的，比起所谓的"天赋说"和"技法论"，它们的实质更类似一种"本能"，只要找到那一簇迸发在灵魂上的、与灵感相关的"火花"，那么创作的要点就可以被简化为两个字：表达。

为什么说名创优品是我的"火花"？

这首先得益于一场机缘巧合下幸运的"邂逅"。

某天，我的一位男性友人穿过某高档商场的时候，突然向我提出这样一个"不情之请"："可不可以陪我逛逛那家店？"

沿着手指的方向望过去，指尖隔空悬停在红底白字的招牌中央，"名创优品"四个大字熠熠闪光。而这封"逛店邀请函"发出的原因也十分简单，如我的这位朋友所说："你看，店铺里挤满了女孩子，我一个男的独自进去很尴尬。"

事实上，名创优品对我的这位男性朋友的吸引力几乎完全颠覆了门店内陈列和布局给人带来的第一印象。因为无论是门前阶梯式陈列架上的平价化妆品，还是一目望去数不清的10元价签，都或多或少会让人看到当初红遍大街小巷的"2元小饰品店"或"10元精品店"。在那些地方，女孩子是永恒的主力军。

他对名创优品的青眼有加让我产生了兴趣，以致在后来的日子里，当我数次在名创优品门店内与年过半百的阿姨擦肩而过的时候、当越来越多名创优品的男性消费者走入我的视野的时候，这一簇"火花"便如乍现的灵光一般在我的心底迸发："这是怎样的一家店，老少咸宜，男女通吃？"

实则如我常说的，优秀的产品设计有很多种，男女老幼偏好各有不同，可优秀的产品设计模式只有一种，那就是：紧扣消费升级本质的设计模式。

放在名创优品的上万种产品身上，这种设计模式可以被具象地称为"物美价廉"。

这种对消费者而言趋近理想的产品设计模式，它不挑客户，不惧审美的差异性。因为有这样一点亘古不变：没有人不爱便宜的"好货"。

因此，选择这一点进行切入的名创优品无疑是成功的。它不仅燃起了我内心深处对于探索这家企业的热忱，同时也点燃了难以计数的消费者心中的那么一点"火花"。

星星之火，可以燎原。

显而易见，这簇"火花"迸发得理所应当。

与此同时，它迸发的时机也的确恰到好处。

一种商业模式是否具备潜力，首要的就是看它是否弥补了现有商业模式的不足。

名创优品的诞生颇具戏剧色彩，这得益于时代背景下、两座巍峨山峰之间的风起云涌：

一座叫电子商务；另一座叫实体零售。

诸如淘宝之流的电商平台见证了前者的发展和壮大，带来了线下闭店潮的大规模危机，致使后者的变革箭在弦上不得不发。

在二者崛地而起攀高竞长的同时，两座山峰之间的裂隙则日益深沉，形成一段难以弥补的凹陷。它源于前者价格虚高的乱象和品质监管的失控，也源于后者经营理念的变革困境与供应链系统的难以简化。

名创优品的出现，则恰好填补了这段深不可测的空缺。

它是幽深裂隙里的那么一簇明晃晃的"火花"，外焰昭示着实体零售业改革的方向，焰心包藏着电子商务互联网思维的精髓和奥秘。

当我对它了解越多，越能体会到这家有别于传统实体零售业的实体企业，在无数优秀电商企业面前怎样的不卑不亢，带着一种被这个时代赋予的独特烙印，新潮、快速、进取、时尚。

它的一招一式，都光彩夺目。

3. 关于"互联网+"和"互联网++"

最近常有人问我："你这本书是不是写给实体零售企业的经营者看？"

是，也不是。

实体业的参与者读它，自然没有问题。而在我看来，凡是想对所谓的"互联网+"做一番深层次探讨和了解的朋友大概都可以从"名创模式"中获得启发。

近两年来"互联网+"很火，几乎成为一种"全民现象"，并且迅速地取代了曾经红极一时的流行词——"互联网思维"。似乎这个小小的"加号"拥有着最为强大的支撑力，可以支撑起我们能想到的任何领域：农业、金融、房地产、医疗、交通……

它涵盖着衣食住行的每一个方面，2011年互联网移动化的热潮在全国范围内蔓延开来之后，这种趋势尤甚。

我常说，每一种商业模式或者一种商业阶段的降生都需要一个"契机"。在"互联网+"或者"互联网思维"被提出之前，这个契机就是千万企业需要转型升级的大背景，而紧随其后的"互联网+"模式的大爆发则又成为传统企业"破与立"的一个新契机。

事实上在我看来，"破"的难度更甚于"立"，毕竟传统的打破和革新需要适宜的土壤和超前的思维，需要"自断双臂"的魄力和"承担风险"的勇气，这对大多数"传统"惯了并且安于现状的企业而言无疑是一项艰巨的挑战。

因此对于这样的企业而言，"互联网+"就成为一场骗局。它们中的不少显然陷入了一场奇妙的幻梦，仿佛只要在原先企业经营模式的基础上搭建一个互联网平台就能插上腾飞于信息时代的翅膀，就能拔足于泥潭，就能焕发新的生机，上可招揽投资者千金一掷，下可吸引消费者趋之若鹜。

这样一来，"互联网+"从推动企业转型升级的一柄利器，变成了一件华而不实的外衣，因此也就在"互联网+"之后出现了一小股名为"互联网-"的风潮。这股风潮旨在脱下"互联网"虚晃的外套，回归互联网的本质。

作为一家实体零售企业的名创优品，就是在这样的契机下诞生的。而它的核心不是单纯的"互联网+"，也不是简单的"互联网-"，在我看来，它更类似于"互联网++"。

这是我定义的一个可能并不怎么贴切的新名词，灵感来源于"C++"程序设计语言的命名。

"++"即自加符号,在"C++"的命名中,它被赋予了无限美好的含义,其相当理想化的一个含义就是"更好的兼容性和更好的扩展性"。

我们将它放在"互联网"一词的后面,就点明了"名创模式"中互联网思维的彻底性和其所具备的、对于绝大多数企业而言极其普遍的借鉴意义。

换言之,名创优品作为一家号称"不做电商"的实体零售企业,所提出的经营理念更接近互联网的本质。

无论是供应链的"简"、渠道的"短",还是管理的"平"、产品迭代的"快",名创优品招招直击痛点,打破了实体行业内的潜规则,在一个看上去几乎无关"线上"的环境内,完成了一场有关互联网思维的全面扫荡。

它是一名"裁判",将"线上"从"线下"的对立面拉开,向世人昭示着二者经营理念核心的一脉同源和不可分割;

它是一面镜子,让实体业和电商双双陷入反思,让"线上"与"线下"的弊病自惭形秽,让我们重新审视自己,以及对这个时代的认知。

我相信它是一个新时代的开端,这个开端孕育着中国实体业的无限可能。

唐一辰

目录

01　当实体店遇上电商　1

1. 两个赌局　3
2. 叶国富其人　10
3. 线上和线下　13
4. 面对互联网,"我"产生了犹豫　20
5. 一个实体店的崛起——名创优品诞生　31

02　源起:长在白菜地里的萝卜　37

1. "生意"与"生生不息"的"创意"　39
2. 去日本看看　46

3. "我"和三宅顺也	57
4. 谁说萝卜必须长在萝卜地里？	61
5. 出售的是一种优质的生活方式	67

03 商品本身很便宜，只是他们卖贵了　　71

1. 一支睫毛膏的触动	73
2. 一分价钱一分货是忽悠！	76
3. 优衣库为什么是标杆："基本"理念的诞生	85
4. 优衣库为什么是标杆："三高三低"的平衡游戏	90
5. "我"，这样借鉴	103
6. "我"的忐忑：抢占先机还是陷入泥潭？	110
7. 竞争是摆平一切的最好武器	116

04 实体零售已死？瞎掰！——关键是"卖什么"和"怎么卖"！　　121

1. 两个故事：从"哎呀呀"说起	124
2. 卖给谁：关于"用户画像"的两个常见误区	129
2. 卖什么：她们人生中的第一瓶香水	138
3. 卖什么：卖的是"时尚梦"	149
4. 卖什么：广交会"潜规则"中收获的战果	158
5. 卖什么："山寨"还是"品牌范儿"？	164
6. 卖什么：爆款！爆款！爆款！	169
7. 卖什么：超预期！	175
8. 怎么卖："3对理论"和"5步理论"	179

9. 怎么卖：低廉售价和高昂租金	185
10. 怎么卖：重新定义渠道	191
11. "我"的战略：跨界的时代，如何"打劫"？	195

05 品牌本身没有意义   201

1. 以"无品牌"策略经营"品牌"	204
2. 没有优质产品，别谈品牌	210
3. 没有一流的设计，别谈品牌	219
4. 优秀的品牌在于自然发酵而不是拔苗助长	223

06 连锁：从 0 到 1 500 家   229

1. 用投资代替加盟	231
2. 快速扩张的秘诀：回报周期的"速度战"	238
3. "直营"效果实现的关键：小前台，大后台	243
4. 员工管理：极简主义	249

07 用模式思维代替战略思维   257

1. 设计模式：紧扣消费升级的本质	259
2. 营销模式：粉丝时代	263
3. 盈利模式：有关"现金流"的传说	271
4. 供应链模式：你学不会的名创优品	276

08 谁是名创优品的终结者	**281**
1. 两份道歉信和一个"活在传说里"的三宅顺也	283
2. 压榨供应商引发的恶性竞争？	291
3. 消费者的天使，投资人的魔鬼？	296

尾声：100%的商业模式和99%的革命   **299**

01 重新定义全球零售业
当实体店遇上电商

REDEFINE THE GLOBAL RETAIL INDUSTRY

一切都是命运

一切都是烟云

一切都是没有结局的开始

一切都是稍纵即逝的追寻

一切希望都带着注释

一切信仰都带着呻吟

一切爆发都有片刻的宁静

一切死亡都有冗长的回声

——北岛

有人说电商扼住了实体店命运咽喉,有人说传统行业即将成为过眼烟云。

有人说电商的兴起不过是个没有结局的开始,有人说每一种商业模式的变革都是时代格局下稍纵即逝的追寻。

我们作为时代的倾听者,倾听着"线上"充斥着的泡沫的爆裂,捕捉着"线下"闭店关张惨淡收场的冗长的回音。

幸而,承受着冲击和震颤的实体零售业不乏如北岛所言的"一切希望都带着注释"。

这也是我,坐在这里讲述这部时代传奇的原因。

1. 两个赌局

若是要我为自己今天所拥有的一切做一个获奖感言式的总

结，那么首先要接受我感谢的，一定是互联网。

感谢它将我拉出井底，让我知道了商场上不只有马云和刘强东，正如同江湖里不只有西门吹雪和叶孤城。

感谢它打破了因流传甚广的"商场如战场"而带来的"商场离我们很远"的误区，将我从老电影中那些灼烁着刀光剑影的商战桥段里抽离出来，让我真真切切地通过网络与商战故事中的主人公谈笑风生。

感谢它带来了电商的异军突起，引爆了这股新生力量与传统零售业长达二十年的鏖战，从而引发了整个社会对于成功商业模式热切的追求和探索。

当然，最最要感谢的，是它这个在"商场"上兴风作浪的罪魁上述的"所作所为"终能让我这个"时代的说书人"在此时此刻，有话可讲，有书可说。

一段书若想说得精妙，一定免不了要以小窥大、深入浅出、通俗易懂，同时一定要避免曲高和寡。

因此这本书虽由大及小到可关乎一个战局、一场变革、一种模式、一位先驱，我却情愿从两个颇为有趣且人尽皆知的故事开始说起。

而这两个故事里最典型也最为人津津乐道的，莫过于2014年10月小米科技创始人雷军与格力集团董事长董明珠就彼此的商业模式问题而引发的价值10亿元的"对赌"。

事实上，这场以"声势浩大"为开端、以"息事宁人"为结尾的"赌约"更像是一出可以命名为"战争与和平"且战局横跨三年的"时代大戏"。因此我们可以跳出各路媒体对其长达数千字的冗长报道,以寥寥数语组成短剧,借此来纵览整个"战局"的来龙去脉。

第一幕,2013:狭路相逢,"中国经济年度人物"颁奖典礼上的挑衅

小米说:"小米是可以代表互联网行业的。"

格力说:"不好意思,你只是个做手机的。"

第二幕,2014:先锋对决,"插着互联网翅膀的时代宠儿"VS"工业时代制造业的骄傲"

小米说:"五年内,我销售额赶超格力志在必得!"

格力说:"如果输给小米,我给他10亿绝不打折!"

第三幕,2015:英雄联盟,战局的扩张和发展

万达说:"我要当格力的盟友。"

奇虎360说:"我要与格力牵手!"

美的说:"小米是我合作上的好伙伴。"

小米说:"有了美的,战胜格力不用愁。"

格力说:"祝贺两家骗子公司成功聚头!"

第四幕，尾声：和平，总是来得猝不及防

小米说："小米的生态圈战略不是对立而是合作。"

格力说："当初的赌局不能作数，只是说说。"

小米说："我们的一切策略都只是'为了部落'。"

格力说："既然还是朋友，那么，让我们重新来过。"

（全剧终）

如果您向来对这种商业大佬博人眼球式的"PK"和"斗嘴"不感兴趣，那么这出大戏至此华丽谢幕，权当博君一笑。而如果有读者朋友深谙电商与实体零售之间的明争暗夺，那么一定会从中看出端倪。因为这场铺陈在互联网上，看上去颇有些戏谑色彩的"战争"，在其轻而易举烟消云散的背后，也许真的暗藏玄机。

从背景上来说，格力的股权结构是典型的大国企，投资形式也属于传统的制造业，丝毫看不出什么"互联网基因"；而强调网络路线的小米在文化背景层面，则更类似有全球最大零售交易平台之称的阿里巴巴。

从立场上来说，重视"线上发展"的小米，其"中国第三大电商"的称号绝非浪得虚名，而对致力于"线下专卖店模式"的格力电器而言，"传统制造业"和"实体零售业"是它的随身标签。

从形势上来说，2016年一季度财报显示，格力营收同比增长0.56%；若从2015年全年营收情况来看，则比上一年下降400亿元，这样的数据显然不大乐观。而对于4年便获得400亿美元估值的小米来说，惊人的成长速度并不能掩盖其如今扩张势头正在极速丧失的现实，2015年小米手机销量不达标的状况频出，相较2014年营收增长仅有5%。

从动机上来说，国内特有的"电商"与"实体零售"的对峙使得这场赌约的起因可能只是"线上线下的战役"里一个小小的偶然事件；至于赌约取消的动机，我们不得不怀疑这与格力小米2015年以后营收双双下滑的形势有关。

从站队上来说，王健林所代表的万达作为实体店的领军企业，支持格力似乎毫无争议；而一再强调"自家企业不具备电商基因"、坚持以后端收费为盈利模式的奇虎360董事长周鸿祎选择与格力为伍无疑也说得过去；至于美的集团，从过去的以传统渠道为主到如今的迅速扩张电商业务，已经基本完成了与线上的"拥抱"，在这个时候与小米联手，绝对称得上是顺势而为。至此，我们可以黑白分明地看到"线上逻辑"与"线下思维"两个阵营的建立与联盟。

总的来说，由小米与格力一句赌约而险些引发的"血战"，简单来看，只不过是一场"线上"与"线下"的互掐、"电商"与"实体店"的较量；而深层次的原因，却绝非三言两语就能辩清，我们还是交予后文来谈。

对于企业创始人来说，他们顺应着这个网红时代的潮流，秉承"帅不如怪"的原则语出惊人拉帮结派的情况屡见不鲜。因此这样的例子多了，每每执着于他们一言一行、字里行间的分析难免会落入"过度解读"的俗套。**特别是沾上了有关"电商"与**

"实体""线上"与"线下"的探讨,就更是一笔连旁观者都看不清楚的糊涂账,岂能仅凭当局者的一时口舌之快就能分出个胜负?

可是,偏偏就有"当局者"想去蹚一蹚这浑水。

如果我们说小米与格力的赌局"典型"而"具象",那么另一个商业赌桌上的战局则要"宏观"且"抽象"得多。

有别于前者立下赌约时一对一"单挑"的态度,后者霸气十足,大手一挥,就把战局从"单挑"上升到了"群殴"的高度。他们赌的已不再是哪家和哪家、哪年和哪月的营业额,而是整个电商领域和全体实体零售店的未来。

更有意思的是,这场基于商业格局的严肃对峙里偏偏还跑出个看热闹不嫌事儿大、煽风点火的主儿,最后甚至豪气干云地愿意承担一方的赌金,充当冤大头。这就让整桩事件变得更精彩了。

我们要说的,便是万达集团董事长王健林与阿里巴巴集团董事局主席马云的亿元豪赌。这出商战大戏同样好看。

第一幕,2012:祸起,又见"中国经济年度人物"颁奖典礼

马云说:"电商将基本取代传统的店铺经营。"

王健林说:"我不认为这场战役电商能赢。"

马云说:"10年后电商在中国零售市场份额一定过半。"

王健林说:"是否过半尚需时间检验。"

马云说:"这场赌局我赌1亿元。"

王健林说："我奉陪到底不会说了不算。"

第二幕，2013：夭折，一场玩笑一场梦

王健林说："这场赌局只是玩笑，我说的不算。"

马云说："我保持沉默，什么也不谈。"

第三幕，2014：暗战，线上与线下的融合与较量

马云说："你不知道，我对线下商场零售一直虎视眈眈。"

王健林说："你不明白，我对线上电子商务其实望眼欲穿。"

马云说："我要入股银泰集团联合线下。"

王健林说："我要拉拢腾讯百度扩张线上。"

马云说："我要做的是相互合资成立新的电商公司。"

王健林说："我也是。"

第三幕，2015：他是谁？

叶国富说："实体店若输了，我替王健林出钱。"

（未完待续）

之所以说未完待续，无非是因为这场从明转暗本该告一段落的战役因了叶国富其人当着媒体在公众面前的一句承诺而被重新搬上台面。当事人之一的马云并未对赌约反悔一事做出明确答复，而叶国富则后来者居上甘愿替"不玩了"的王健林出这份亿元赌资完成赌局。那么这场截至2022年的电商与实体店的较量将重新开赛，至于结果，我们只能拭目以待。

有人说，叶国富的做法相当不明智。因为如上文所述，王健林的毁约和马云的默许背后，隐藏着二者对于线上和线下的野心，前者试图切入后者的领域，后者试图介入前者的业务。从某种角度来看，这似乎体现了一种"线上结合线下"的未来趋势，也更应了那句老话："没有永恒的敌人，只有永恒的利益。"

这样说来，无论谁想在这场几近销声匿迹的赌局中横插一杠，无疑都是费力不讨好。而像叶国富这样明知是浑水还要抢着蹚的"冤大头"，恐怕也只此一例了。

也有人说，叶国富此举只不过是为个人营销、打造知名度造势。毕竟相比于战局内早就广为人知的"实体双雄"和"互联网三霸"，叶国富这个商场上的老手要论起在公众面前"抛头露面"的频率，还只能算得上是后起之秀。与此同时，他既没有聚美优品创始人陈欧的"帅"，也没阿里巴巴创始人马云的"怪"，不喜欢打赌，也鲜少"口出狂言"，难怪有不少网友会指着网络报道标题中的"叶国富"三个大字面面相觑："他是谁？"

如果说前面所讲的两个赌局太夸张，太虚幻，太不切实际，那么我倒是挺愿意在此处回转笔锋，换一换"画风"，来说一说叶国富其人。因为他的故事非但同样与"线上线下之争"密切相关，而且要比那两场牵涉了十余位商场巨擘的赌局更接地气。

2. 叶国富其人

1998年6月10日，他乘着初夏薄暮，踏上了南下的列车。

那个时候，马云正在杭州电子工业学院教书；

那个时候，雷军已经成为金山公司的总经理；

那个时候，董明珠在珠海格力电器的事业蒸蒸日上；

那个时候，王健林的万达还只是西岗区住宅开发公司。

那个时候，刚刚结束了中专读书生活的叶国富正混在南下务工的人群里，领口灌满了晚风。

他和你我一样，出身平凡，但不甘平凡。

他和每一个刚刚走出校门的年轻人一样，落寞而迷茫。

他和大多数创业者一样，将"投身实业"和"经营实体"作为了开疆拓土杀入商场的首选。

他和每一个实体零售商一样，在电商袭来之际承受着巨大的冲击，怀揣着满心的惴惴不安。

可他和他们都不一样，他在"电商领域的高潮"和"实体零售的寒潮"双双到来之际，成为实体零售业仅存的血脉里的中坚力量，日益坚定而不可动摇。

有人说**"成功者都是偏执狂"**，这句话在叶国富身上可谓体现得淋漓尽致。

有别于当年美的对"线上"的拉拢和万达向"线上"的殖民，叶国富带着他的时尚日用百货店"名创优品"坚守"线下"战线毫不妥协，甚至早就放出"狂言"："我们不做电商！我们也不怕电商！"

至于他哪里来的胆量敢在阿里巴巴称王的形势下"逆势而为"，我们就不得不在这个以数据说话的时代将叶国富的"底气"

一一列举出来。

【1】名创优品自2013年创办不到三年时间里，全球连锁1600家实体店，店铺已覆盖包括阿联酋迪拜，美国洛杉矶，意大利佛罗伦萨，西班牙，中国香港，北京，上海等全球200多个国家和地区。

【2】名创优品在创办不到两年时间内营收突破50亿元，2016年预计销售100亿元。

【3】2016年，名创优品企业微信公众号登上2015年中国微信500强榜单，位列64位，在企业微信号中遥遥领先独占鳌头，收获了上亿的关注度，粉丝数量突破1 200万，成为最具影响力的微信公众号之一。

没有妥协和委曲求全，没有假象和危机重重。在"线上"和"线下"纠缠不休争得你死我活的旋涡里，在"电商"冲垮"实体店"的势头一波接着一波越战越勇的时候，叶国富的名创优品作为实体店一方的新兴势力赢得毫不拖泥带水，可谓干净漂亮。

至此，我们便不难看懂叶国富其人的言论和立场，也更没什么理由去质疑这位张罗着要替王健林支付赌资的"冤大头"，究竟是为博人眼球还是真的自信满满。

谁说实体零售会死？

叶国富用他的实际行动向电商发出回馈："我，压根不信这个邪！"

3. 线上和线下

我们不去推崇有关创业的苦难美学，也不去炮制有关成功的心灵鸡汤。叶国富在与"线上"的较量中取胜的秘诀说起来完全也没有什么玄学的成分，只消诚心实意地把他的技巧经验条条罗列就变成了让名创优品一鸣惊人的"硬实力"。

这种"硬实力"并非不可模仿复制，却绝对不适宜生搬照抄。因此要想"吃透"这一车"叶国富牌干货"，我们还得从头说起，重新把话题聚焦到全书开篇至此用洋洋洒洒数千字都没能搞清楚的、究竟谁会是未来赢家的"线上线下"之争中，借此来尽可能客观地认识这个时代，尽可能客观地**重新审视**"线上"与"线下"的关系。

事实上，有关"线上"和"线下"的讨论并非从2015年才开始兴起，大约1997年电商萌芽之际就开始逐渐广泛为人所探讨。可这种"线上线下"的"明争暗斗"听得多了，总是免不了让人想起传统封建社会中老生常谈的"男女有别"观念。

对于"男女有别"而言，这种执迷于差异本身的概念忽略了男女相处过程中"求同"的目的，通过强调"有别"和"存异"避开了性别冲突；同时，也以一种自然而然的方式将"男性"和"女性"推到了对立面上。

对于"线上"和"线下"的关系而言，我们常常会淡化它们"求同"和"共生"的现状，而将它们之间的差别和较量渲染得关乎生死。我们试图挖掘电商锋芒毕露和实体店惨淡收场之间的联系,再以"有别"或"对立"的寥寥数语将其原因解释得干净利落。当然,与"性别矛盾"比起来,有关"线上"与"线下"冲突的情况便要"恶劣"得多了。

究竟有多恶劣?

我们也可以尝试"窥一斑而知全豹",从一件身边的小事讲起。

至今仍记得2015年年初偶然间看到的一条微信朋友圈:

"还没开到地下车库就看见了3.3~3.31闭店感恩活动的横幅,心头一凉,无限感伤!"

坐标是北京华堂商场右安门店。

彼时正值早春三月,寥寥数语挺好地切合了这个最适宜伤春悲秋的多雨时节。

我不是北京人,因此在那个时候,压根就未曾听说过"华堂商场",更不知道这位朋友所提及的"右安门店"身在何方。

直到另一位土生土长的北京同学绘声绘色地对我讲起华堂商场里设计精巧的自动铅笔和声名远播的熟食的时候,我才从那些飘着"自制蛋糕香气"的描述里感受到一种有关这家实体百货零售商场的独特情怀。

以至于在几个月后,当华堂商场右安门店的"关门大吉"已经成为尘埃落定的现实的时候,我还为此微微地遗憾了一番。

然而对于一年内已经接连关闭了四家门店的华堂自己来说,这大概不仅仅是"遗憾"那么简单。这种"大刀阔斧"的关店决策带来的痛楚,想必绝不亚于"刮骨疗毒"。

事实上，比起华堂内部的改革和动荡，更引人注意的则是国内巨幅实体零售版图上突如其来的"关店潮"。于是在"大势"面前，我们更无法简单地以"战略失误"来解读华堂的失利。

接二连三，无数尽人皆知赫赫有名的实体零售巨头出于种种原因，"走"在了华堂的前面，或者不幸步了华堂的后尘。

北京有"华堂"和"百盛"，上海有"美美"和"OPA"，广州有"好又多"和"新供销百合"，长沙有"世纪华联柏丽晶"和"沃尔玛"，成都有"人人乐"和"NOVO百货"，沈阳有"伊势丹"和"尚泰"……

据统计，仅仅2015年上半年，国内包含上述企业在内的主要零售企业共关闭门店121家。

我们不得不承认，2011年以后的实体零售行业，似乎有某种无形的"病毒"正悄然扩散着，所到之处毫无生机，Shopping Mall（超级购物中心）门可罗雀，临街商铺睡意丛生，大批的"实体店"沦为冷清无人的"僵尸店"。这一切像极了2014年到2015年红遍全球的手机游戏《瘟疫公司》。

百货巨头的折戟让实体零售业从盛夏直坠寒冬，同时引发了关注实体零售业的专家和学者们的分析热潮。

我们很难从众说纷纭里拨开迷雾，中国百货商业协会副秘书长范艳茹倒是阐述得颇具深意："百货店的关店，是因为大形势发生了变化。"

一句话说得简练概括，关于"大形势"的定义却语焉不详。

有人把这所谓"大形势"的变迁与地域差异相结合,认为诸如华堂商场之类的失败不过是落入了"南橘北枳"的俗套。毕竟以华堂为例,其开在成都的"同胞兄弟"在南方落地生根、茁壮成长,情况就要乐观得多。

而在媒体方面,我们听到更多的则是另一种解读:"大形势的变化源于电商的冲击,线上电商或将全面取代线下实体店,实体零售业一溃千里,无论南北,形势都不容乐观。"

很快,相关数据铺天盖地,条条都成为上述解读的佐证,昭示着互联网零售强劲的发展态势。2015年1到9月,我国商品零售总额为19.3万亿元,其中网络零售额为2.6万亿元,同比增长36.3%。"双11"期间,天猫当天成交额就高达912亿元,2015年全年网络零售额突破了4万亿元。

众所周知,"线上"的"绝对"优势在于便捷和廉价。在这个凡事强调"轻""微"和"极简"的时代,"线下"就成了与前者相较而言名副其实的"重资产"。

对顾客来说,移动互联网的普及使其足不出户便能享受"价廉物美",苹果、谷歌、三星、小米一干移动设备大佬算是给天猫和京东铺了路,让"线上"成为满足顾客消费欲的首选。

对商家来说,不必选址交租,不必直面房地产的泡沫,甚至还享受着诸如阿里巴巴上个人开店"税收真空"的待遇,电商"低门槛"和"高自主"的特性使其纷纷抱着"试一试又花不了多少钱"的心态涌向"线上"。

这样看来,媒体的解读似乎十分具有说服力。

于是在一波又一波的实体店"关张退租潮"来临之后,人们开始"理所当然"地将电商当作"冲垮"实体店的罪魁。若是非要钻个牛角尖数一数这些罪魁姓甚名谁,首当其冲"中枪"的想必非我们前文所提及的、整天宣称着自己要"干掉"实体店的马云莫属。

于是这个经历着变革的时代在媒体和网民的"顺水推舟"下被称为了"电商时代",加之包括谷歌在内的互联网巨擘们日益深化的"电商情节","线上"似乎成为这个时代的终极赢家。

于是十数年的时间里,电商的生态城中似乎始终挤满了蜂拥而至的创业者和亟待转型的企业家。

于是我们的耳边开始充斥着有关隔壁某某加盟实体店创业失败的血泪史,以及某位90后乃至00后淘宝店主月营业额超越范冰冰月收入的草根逆袭神话。如此看来,"线下"大概只能束手就擒、坐以待毙,而唯一的出路就是从让他们"闻风丧胆"的电商那里获得的那么一点"颇具建设性"、有关"互联网+"的思维启发。

"线上"的崛起果如传闻所言会让"线下"零售业走向消亡吗?

叶国富在前文的霸气回应早就给了我们让人信服的答案。

毕竟较之一年连关4店的落寞而言,名创优品好得"耸人听闻"的数据简直昭示着一个实体零售业传奇的诞生。

而诸如华堂事件那样的"大商场"闭店潮和名创优品这样的

"小前台"开店潮的反差,让名创优品的成功也颇具"四两拨千斤"的意味。

实际上,把"线上"和"线下"的关系放在今天来讲,大多数人对它的解读都有失公允。虽然我们无法忽视截至2016年年初,淘宝商品突破10亿、卖家超过1 000万的现状;我们也没法不注意到京东、1号店、苏宁、唯品会等电商平台上以骇人听闻的速度持续飙升的数据。可更值得我们注意的是,如今的"线上"已经绝对不再是十年前那个神话横行、遍地是宝的行业,互联网的普及和人们购物思维的"颠覆性"改变已经使**电商领域演变为"传统行业"**。传统,就意味着它的"吸金神话"已敛起锋芒、不再新潮神秘;传统,就意味着它的经营理念和商业模式趋近成熟、日益完善稳固;传统,就意味着它已经历过无数变革和质疑的洗礼,并且做好了准备,一如当年的实体零售业一样,等待着一场巨大的冲击。

事实上,在这个由"新兴行业"到"传统行业"漫长的变迁过程中,"线上"的弊端和"先天不足"已初现端倪。

对于今天的顾客来说,在信息过剩、数据浩如烟海的电商平台上搜索和挑选一件称心的商品"劳心费神",一如我们当初为了找到一件称心的商品在商场和商业街的奔波途中"精疲力竭";在充斥着"刷榜""刷量"的潜规则的"线上"苦修"火眼金睛"的本领,一如我们当初流连于购物中心和零售市场为了甄别商品的真假而煞费苦心。

对于今天的商家来说,电商的竞争本质已经变成了流量的赛跑,为了流量的导入"殚精竭虑",一如当初我们为了店铺的租金和选址"茶饭不思"。"流量"让店铺的主人变成了互联网的奴隶;电商的火热让虚拟店租也随着实体店的涨租热潮量价齐涨;竞争的白热化让越来越多的电商发出一如当年实体零售商一般的感慨:"生意不好做了。"

因此,一味对"电商热"的强调和追捧已不足以描述当前的形势;单纯的"敌对关系"也不足以抽象地概括"线上"与"线下"的站位。从某种角度而言,前者不过是后者的"前世",而后者也仅仅是前者的"今生"。

因此,当我们对名创优品用短短3年时间创造出"1 600家门店"和"50亿销售规模"的神话艳羡不已的时候;当各路媒体纷纷以"名创优品动了谁的奶酪"的标题作为"线上线下之战"新话题的时候;当"名创模式"在电商依旧称霸的时代大背景下"逆势而起"的时候,兴许对名创优品的创始人叶国富而言,只不过是在"顺势而为"。

"你为什么不做电商?"

"你为什么不怕电商?"

面对这样的疑问,叶国富的回答很简单:"**在国外,电商只是一个销售渠道而已。**"

也许在他眼里,纵然"线上"和"线下"形影不离,但从来都不是站在彼此的对立面上,这个市场推崇的当是互联网思维,抛开了思维的互联网,只是渠道。

仅仅从这句话来看,王健林和马云明着淡化赌约暗着互涉对方领域的做法虽不如叶国富坦白从容，却也顺应了大势。

而这种在时下看来尚属"少数派"的理念与国际资深潮流预测专家、时尚圣经《VIEW》杂志掌门人大卫·沙（David Shah）的预测不谋而合："电商和传统零售在未来可能并非相互排斥，而是相互吸引。未来，一定是一个慢慢融合的过程。"

商业模式离不开社会格局，在互联网数据泛滥、商品价格虚高的"盛装假面舞会上"，叶国富有他自己的逻辑、坚持和抉择。

4. 面对互联网，"我"产生了犹豫

有人说，守业更比创业难。那么，坚持和抉择究竟哪个更困难？

在国内普遍强调"坚持"和"执着"的教育环境里，"抉择"的力量似乎就显得不那么关乎"生死"了。

然而对于起步不过3年、还来不及谈"坚持"就红遍大江南北的名创优品来说，正确的战略抉择使它如同一个选择了"最速曲线"的质点，顺势借力，后发制人，抢夺先机。因此我们可以说，"抉择"是它成功最重要的垫脚石。

说到这里必须澄清，我们一直尝试打破有关"电商一定会冲垮实体店"的误区，绝没有刻意要引导大家都去经营实体店的意思。

能具备一些前瞻性视角以正确审视"线上"与"线下"的关

系固然十分必要，但是优秀的商业模式绝没有"线上"与"线下"的分别。这样看来，关于正在不断融合的"线下"和"线上"间的抉择反倒变得更举步维艰了。

面对这道难题，已经交出了高分答卷的叶国富在名创优品创建之始，并非没有自己的犹豫和徘徊。因此在解答这道难题之前，已经在实体连锁上颇具经验的叶国富首先为自己准备了一份冗长而复杂的"连锁式"问卷，这份问卷对界定一个品牌的站位和立场起到了至关重要的作用。与此同时，它更像是一份详尽的解题思路，引领着他走出犹豫不决的迷阵。

虽然叶国富并未对这份问卷给出过详尽而确切的书面答案，但是并不会妨碍我们沿着他所走过的清晰笃定的旅途，对这份适用于各行各业、能帮助每一个徘徊在"线上线下"边境线上的人们做出抉择的神奇问卷，做一番"叶国富式"的探讨。

【1】为什么大批的传统品牌向电子商务转型？

这个世界上没有凭空而来的答案，也没有毫无理由的抉择。

如果说100家走上转型之路的传统品牌有100种转型原因，那么100种原因的背后也许就隐藏着数条驱使他们做出抉择的、共通的主要矛盾点。

在前文，我们对电商优势已经有过一个宏观探讨，若是在此再总结出几点来，不外乎因电子流代替实物流而带来的"成本领先"、因信息丰富公开而带来的"交易透明"、因互联网的基本性质而带来的"开放性和全球性"……

说得简单点，也就两点：**成本低，客户多**。

然而若是仅仅因为这两点就大张旗鼓地冒着为革命牺牲的风险身先士卒大搞转型，也未免太草率了。

要知道，一家传统的零售企业能在风起云涌的生意场上站稳脚跟绝非一日之功，没有什么道理能让其仅凭眼前的利益就轻而易举地冒着断送"半壁江山"的风险在平静的海面上激起壮阔波澜。

可如果有100家企业都甘愿承担这个风险，那么最可能的原因只有一个，就是——即便不改革，这"半壁江山"也已经危在旦夕。

我们在上一小节里大谈"线上"对"线下"的冲击，那么目前实体零售业所遭受的冲击究竟是什么样子的呢？

在互联网并不发达的时代，在网购大潮尚未到来的时代，信息不对称和渠道的时间差成为一些传统品牌坐地起价的资本。然而电商的高速发展和网购的普及使得企业的价格战不再仅仅是自己的促销手段，同时也会波及"无辜"的同类产品乃至同类企业，使其"被迫"加入这场空降而来的战役中，正所谓"牵一发而动全身"。

与此同时，互联网消弭了传统渠道所带来的时间差，一家企业推出热销创新产品后，紧随而来的山寨大潮常常杀得人猝不及防。这种局面连资历雄厚的包括苹果在内的大型企业也无法避免，Apple Watch推出仅数个小时之内，深圳已经有深谙此道的店主在互联网上推出了外观极其类似的廉价同类产品。

这一切都使得传统零售业的利润被不断压缩，客户也不断流失。而粗浅看上去，似乎解决问题最直截了当的方案，便是"师夷长技以制夷"，凭借互联网的先天优势杀入"线上"，与几乎击溃了自己大本营的电商大军一争长短、报仇雪恨，提高自身的知名度，夺回丢失的利润和客源，最好还能带动线下的发展。

但是，这样做真的可行吗？

【2】转型者进入电商领域会面临哪些问题？

有人说，对于某些受到互联网严重冲击的传统企业而言，不做电商很可能是"等死"，做了电商则很可能是"寻死"。

破茧重生的希望是好的，然而为了不被电商"电伤"，转型者不得不面对各式各样因"尝新"而引发的矛盾。

无论是线上还是线下，对于一家店铺而言，其存在的问题从宏观角度来讲，总是离不开"思维""供应链"和"战略"等几个方面。

从**思维**上来说，许多试图从"线上"开疆拓土的卖场和零售商在涉足广袤无垠的电商领域时，要么因"自视过高"而对电商"满不在乎"，要么因"妄自菲薄"而对电商"思虑过度"。有趣的是，这两种截然不同的态度却导致了同样的结果——其开辟线上市场的方式只是单纯将实体店的商品复制到互联网上进行销售。

这样一来，电商便仅仅成为零售渠道中新添加的一个分支，而且没有丝毫波澜地从实体经营模式中"生搬照抄"。这种"换汤不换药"的运作模式很难实时关注电商的发展和优势，同时也不利于电商部门重要性位置的提升，于是就带来了无数因此而导致的在产品包装和人员管理方面的问题。这便真应了我们前文所说过的那句话:"抛开了思维的互联网,只是渠道。"

从**供应链**上来说,电商以其"极简主义"风格完胜大多数传统企业。对于这一点,我身边恰有一个非常好的例子。

老家的表妹供职于一家发迹于天猫平台的零食巨头,公司凭借其包装精美创意十足且物美价廉的蜜饯而日进斗金,自己承包果园、雇农、建厂、做线上零售,直接面向消费者,愣是一只手抓起了一条龙。

而我的一位从事实体食品零售的朋友则向我讲述了她所在食品企业的蜜饯产品从供应链到销售链上的运作模式,即:果农——果品收购商——蜜饯加工商——批发商——零售商——消费者。

显而易见,烦琐的流程带来了价格上的负累。较之电商而言,竞争力便无从谈起了。因此对转型企业来说,如何优化供应链提高电商平台的竞争力,便成为重中之重。

从**战略**上来说,传统企业对长期战略布局的"精通"程度要比电商高得多,身处"线下"无疑是种优势。而若是放到"线上",恐怕就是另一番局面了。

我的一位月收入5万元、将一家淘宝店开得风生水起的男性友人曾如是对我说:"我如今过着朝不保夕的日子。"

这句牢骚与凡客诚品(VANCL)创始人陈年的一句话竟然有些不谋而合,陈年说:"**我永远不知道明天互联网会发生什么。**"

的确,在互联网时代对一家互联网企业做一个长达3~5年的战略规划是没有实际意义的。无论是阿里还是腾讯，在这个网络环境变化日新月异的时代都要时刻承受着被颠覆的压力。因此对于电商来说，策略战术的变化只有以月甚至周为单位才能基本保证企业的与时俱进。站在转型的门槛上，传统的实体零售商们舒心安稳的日子一去不复返了。

总的来说，以上所揭露的"转型百态"只不过是冰山一角，毕竟我们的探讨还是有些粗略和宏观，如果继续深入、进一步研究有关诸如"电商价格战"和"电商营销猫腻"一类的具体问题，恐怕就不是万余字可以描述清楚的，当然，这些细节问题也不属于我们本书探讨的范畴。无论如何，如果一家亟待转型的传统企业想要发展"线上"，却无法解决好我们上文所提及的矛盾点，那么贸然投身电商无异于自掘坟墓。

要谨记，"先驱"和"先烈"只有一字之差。

【3】对于舆论中"逼死了实体店"的电商而言，他们如何看待实体店？

虽然在充斥着"噱头"和"偏激言论"的互联网上鲜少见到有关电商巨擘对于实体店详尽而客观的评价，但是通过一些实际发生的案例，我们便能很轻易地从侧面找到答案。

能有以下这个故事，同样要感激我"万能"的朋友圈。

2016年年初，我的一位颇具文艺气质的女同学，穿着一条古色古香的棉布裙子走进了开设在西雅图市中心以北的大学村购物中心。在那里，有全球第一家"Amazon Books"。

因此我通过她的眼睛，"亲眼"见证了以书籍互联网零售享誉全球的亚马逊在"逼死"了实体书店后,向实体书店领域迈出的第一步。

很快,国内与之齐名的当当网也在互联网高调宣布,将在未来3年开设1 000家线下实体书店,且售价与线上保持一致。

也许我们不能理解为什么这些以卖书起家的互联网零售巨头们一边扼着实体书店生命的咽喉,一边反倒自己做起了实体书店的生意。然而若是我们把目光放宽放远,就不难发现这种做法绝不是仅仅发生在图书行业。

非常典型的另一个例子,是广州市汇美时尚集团股份有限公司旗下全资女装品牌茵曼(INMAN)。该品牌诞生于互联网,因热门综艺节目《女神的新衣》而广为人知,又凭借其素雅简洁的品牌风格而备受女性消费者群体的推崇。2015年7月,茵曼作为电商中的领头羊推出了一个名为"茵曼+千城万店"的O2O战略,在全国城市大量铺设线下店面。随后茵曼首战告捷,截至2015年年底已成功签约了200家实体店,并且计划在2016—2020年开设10 000家线下门店。

从近两年知名电商的动向来看,越来越多从线上发家的电商品牌已开始**在线下寻找新的归宿**。因此诸如马云之类的业界大佬在公众场合下指点江山宣扬电商如何如何一头独大、如何如何领导着未来潮流、如何如何会占据未来市场的言论,便带了些"声东击西""明修栈道暗度陈仓"的意味。

那么,电商如何看待实体店?

明贬暗褒的同时,任谁也无法否认,线下实体是一块鲜美可口的蛋糕。

【4】他们,为什么要开实体店?

"怎么看"和"为什么做",这是两个问题。

就比如我曾流连于上海七浦路服装批发市场,在那里见证过一座城市清晨时分罕有的人头攒动和摩肩接踵,也听过朋友做服装店主的亲戚从那络绎不绝的客流量里赚得盆满钵满。

再比如我曾沉沦在名创优品琳琅满目、颇具日式风情的小商品中乐而忘返,更对"名创模式"和叶国富其人的"神话"耳熟能详。

因此在我看来,卖衣服能赚钱,加盟名创优品也能赚钱,可是我目前大概既不会卖衣服,也不会加盟名创优品。因为"赚钱"的途径花样繁多比比皆是,而无论是卖衣服还是搞加盟,除了"赚钱"之外,并不能实现其余的、让我无法通过其他途径满足的需求。

若是这样说来,成批的电商大军不约而同"偷袭"线下市场的原因,似乎就不仅仅是如"贪吃蛇"一般为了"吃蛋糕"那么浅显了。

换而言之,我们可以大胆揣测,由于"线上"的先天不足,电商部落的成员相继遇到了一些亟待通过"线下"解决的问题。

在这里,我情愿继续以亚马逊为例,而这个神秘的"问题"说不定就藏在这两张与亚马逊有关的照片里。

位于西雅图的全球第一家Amazon Books实体店

乍看上去,我们或许难以发现这家陈列着五花八门各色图书的书店与我们对传统书店的认知有什么出入。也许其中最能吸引你眼球的,不过只是简洁大气的装潢或者捧着图书走向柜台的欧美帅哥。

可若你是书店的常客又看得懂英文，稍加注意就不难看出其中的问题所在。

其一，每一本图书都以封面而非书脊示人；

其二，对书籍陈列区域的划分有不少以诸如"读者最喜欢的食谱""评分在4.5分以上的图书"之类的条目呈现，而非传统意义看上去模式范儿十足的"经济类图书"、"政治类图书"或者"文学类图书"。

一旦继续深入发掘下去，我们就很容易察觉这家趣味横生又十分人性化的Amazon Books里的每一项设置都紧扣消费者的"体验"二字。如果我们积极发挥"少年侦探"的天分，就一定可以注意到每本书下方的黑色信息卡比寻常书店只介绍书名和价格的标签大了整整一圈。是的，"体贴入微"的Amazon Books精选了读者反馈并逐条列在卡片上。

以消费者为本的态度成了这家书店的核心理念，而Amazon Books的副总Jennifer Cast在接受西雅图时报记者采访的时候也发表过这样一番让消费者感到暖心的言论："如果只将书脊展示在外，我们会觉得非常抱歉。"

是什么促使亚马逊将对"客户体验"的追求提升到如此极致的高度？

毫无疑问，是"线上"的先天缺陷——**客户体验的缺失**。

从产品种类上来说，亚马逊除了作为电商巨头销售图书和日用品外，其旗下还拥有诸如Kindle、Fire TV、Echo、Fire Tablet等硬件产品。而根据一般的生活经验，当用户购买自己并不了解的硬件产品时，往往会期待"真刀真枪"的试用体验，"线上"的"看图购物"极类似孩提时期作文训练的必备科目——**看图说话**。仅凭几张照片而产生臆测无疑会带来无数由这种不确定性引发的麻烦，而借助于线下门店开设体验展示平台无疑是解决该问题的上上之计。

从购物行为上来说，线下书店乃至整个实体商业绝不如线上一般简单粗暴地扮演着"商品提供者"的角色，而驻足在实体商铺中的顾客往往也不仅仅在做着"商品搬运工"的工作。以书店为例，无论是台湾艺术氛围浓厚的"诚品书店"，还是大陆宣扬美学生活的"方所书店"，其成功都源于被它们钉入骨血的文化符号烙印，人们会因为享受在书海中徜徉般的购物过程而流连忘返，从而绝不会如线上购买一般抱着极强的目的性"速战速决"。"线下"因其丰富的品牌文化体验，随机产生的购买行为就比"线上"要多得多，使企业和消费者之间有了更为直接有效的接触渠道，这种接触的本身就为业务的延伸和发展提供了"线上"无法补充的想象空间。

从客户流量上来说，以信息流动迅速公开著称的电商平台正在导致"线上"越来越多同质化产品的出现，随之而来的则是竞争的日益加剧，引发的后果便是"线上"顾客的增量遭遇瓶颈。这个时候，在"线下"开设店面增强顾客体验就成为一条有可能扭转乾坤的锦囊妙计。

因此，"电商"转战它的老对头"实体店"，并非"以子之矛攻子之盾"，也并非"自己和自己过不去"，而是**接受"线上"**

的不足、承认"线下"的优势,可谓十分明智。

【5】"我"是谁?

我一向反感模式化的、说教式的陈述。

然而为了将一些有关"线上线下"的问题阐述清楚,我不得不按捺着这种"反感"进行一番如上文所示的"长篇大论"。

为免哪位朋友与我一样,对这样的"冗词赘句"先天便缺乏忍耐力和包容力。在此,我们将对上述的前四个问题做一个简单的梳理,并且得出如下几个能让人一目了然、浅显易懂的答案。

结论一,"电伤"有风险,转型需谨慎;

结论二,不是所有牛奶都叫特仑苏,不是所有产品搬到"线上"都不会输;

结论三,电商现存的体验缺失问题"线上"无法弥补,"线下"开设体验店模式让电商巨头趋之若鹜;

结论四,互联网是一个**旧销售渠道**,但互联网思维是一种**新商业模式**。

四个结论落实到如何抉择,恐怕因人而异,认识自己的根基,了解自己的产品,顺势而为方能借力打力。

5. 一个实体店的崛起——名创优品诞生

对于本节来说,我觉得最适合的开场白莫过于"接上回书说"几个字。

至于上一节，则少了一番"欲知后事如何，且听下回分解"的套路式结尾。

因为一句"因人而异"多少有些敷衍，能耐着性子听我坐在这里纸上谈兵的，多半都是迫不及待想知道叶国富本人在这句"因人而异"里的实践及思考过程的。

实则对于这场关系到名创优品孕育的、有关线上与线下间的抉择，叶国富只说了四句话。

第一句："我做了十余年的实体零售。"

第二句："我把零售体验氛围做得异常浓厚。"

第三句："我决定在线下借鉴来自线上的新商业模式。"

第四句："我应当坚持自己，把实体零售业的改革做到极致。"

试图通过四句话勾勒名创思维的起源未免有些潦草，当然我们也可以抛开作为结论的第四句话，对隐含了其思考过程的前三句略作深究。

【1】"我做了十余年的实体零售"

众所周知，叶国富并非实体零售行业的新手。在业内，大多数资深的企业家和评论人都喜欢将名创优品的诞生称为"二次创业"。

在"二次创业"行动启动前夕，叶国富运作了十余年的第一个品牌"哎呀呀"依旧开得如火如荼。总体来说，电商的冲击使"哎呀呀"遭遇瓶颈，却并未动摇其根基。因此我们没法不承认叶国富在之于他自己而言的"哎呀呀"时代是成功的，叶国富在实体零售业一砖一瓦积累出的"大好河山"将始终是他的优势和积淀。

这样看来，有别于许多企业"不转即死"的现状，叶国富若要真的选择电商，就不得不有选择地放弃自己一手打造的"巨人的肩膀"。

正如叶国富本人所言："因为我是干实体店出身的，实体是我的强项，我对实体非常有信心。"

好的抉择，非但要审时度势，还要看清自己的基础。

【2】"我把零售体验氛围做得异常浓厚"

我们总在讨论"体验"的问题，而叶国富的关注点则十分细节化：我的产品特性，是否会使我的品牌更容易因线上的体验缺失而受到新一轮冲击？与此同时，它是否具备线下的体验优势？

我们在此不能妄下断言，确信叶国富在创办名创优品多久之前便励志要做时尚日用品。然而从"哎呀呀"身上，我们同样能看到该类产品对体验的强大需求，以及叶国富在这一点上所做出的努力。

早在2002年"哎呀呀"创办之初，叶国富就已经把"给顾客带来购物的乐趣"和"提高顾客的生活品质"作为店铺经营的宗旨之一。为此，他将原来仅由耳环、手链、项链、戒指等组成的"狭义饰品"货品扩大到在原来的基础上添加了化妆品、小玩具、文具的"广义饰品"。除此以外，在店铺的装修和店员的培训上叶国富同样煞费苦心，高品位的店铺和高素质的营业员让每一个走进"哎呀呀"的姑娘都被浓厚的时尚气息所包围。

然而最重要的一点是，叶国富一改传统饰品店"防贼"一般的管理方式，将商品一一拆分出试用装，请顾客随意试用。这样一来，购物的快感便充分显现了。而这一点，恰恰是电商领域最缺乏的。

事实上，在叶国富的"名创模式"全面取得成功之后，有人曾这样问他："你创办名创优品的愿景是什么？"

思考几秒后，叶国富蹦出了这样一句话："解放一代年轻人。"

注重"感受"和强调"体验"是叶国富投身零售业的初衷和本心，而时尚日用品的产品种类本身就对"感受"和"体验"提出了有别于其他产品的要求，这种相辅相成使得叶国富在线下实体方面具备了先天的优势。

【3】"我决定在线下借鉴来自线上的新商业模式"

在一次采访中，记者问："有很多人看不懂名创优品如此火爆。为什么？"

叶国富答："因为他们对传统商业中毒已深，还在用过去的思维思考这个东西。"

"过去的思维"，指的是"传统实体零售思维"。

在上一节中我们已经对线上和线下的优劣做了足够深入的探讨，然而无论从思维模式、管理模式上，还是从供应链上来讲，都仅仅是存在于线上或者线下的**"普遍现象"**而非**"必然现象"**。这就和一个孩子的行为性格一样，成因皆由先天基因和成长环境决定，却并非不能因材施教加以引导。

"思维的学习"和"模式的借鉴"应当是线上与线下问题争

论的结果,而不应该仅仅纠结于"孰是孰非"。

因此,把线上与线下两种环境催生出的优质思维加以提炼和消化,才是制胜的关键。

事实上,叶国富本人并没有说过上面四句话,前两句只不过是我假他之口陈述出来的客观事实,而后两句则是名创优品所传达出来的经营理念,以及此时此刻叶国富正在成就的"光辉伟业"。

综合来看,也就完美地切合了本节的小标题——一个实体店的崛起。

我们今天来谈"崛起",那么它的前提一定是"没落"。

今天没有人再去质疑电子商务的前景,正如20年前没有人质疑实体零售业的未来。

常常"事后诸葛亮"的我们,既不能预见崛起,也无法预言没落,而只能符合国情地对时下某种成功现象做一番探讨。于是处在这种"站着说话不腰疼"的立场,我们习惯了"开口讲宏观""闭口谈大局"的言谈方式。

如果抛开这些"宏观"和"大局",我也只不过是在叶国富的名创模式影响下的一代人,只不过是一个"叶国富牌"快时尚日用品的消费者。我以我的整个初中时代,见证了叶国富一手创办的饰品品牌"哎呀呀"的崛起(同时我还是它的一名铁杆粉丝);而在电商逐渐普及的今天,我也"光荣"地成为了"名创优品"1 200万粉丝大军当中的一员。

我们也许用很长时间也搞不清楚名创优品究竟是不是真的给

包括你我在内的1 200余万年轻人带来了美好的生活和一代人的解放。

然而在这场波澜壮阔的商业模式变革里,这些似乎都不那么重要了。

无论如何,名创优品诞生了。

它的诞生,给实体零售业带来了更多的可能性。

它是一场反思的成果,同时也是一个时代的开端。

02 重新定义全球零售业

源起：长在白菜地里的萝卜

● REDEFINE THE GLOBAL RETAIL INDUSTRY ●

不是一切大树
都被风暴折断；
不是一切种子
都找不到生根的土壤；
一切的现在都在孕育着未来，
未来的一切都生长于它的昨天。
希望，而且为它斗争，
请把这一切放在你的肩上。

——舒婷

这是一棵承受住了电商的暴风雨洗礼的大树,这是一颗生于日本却在中国的土地上生根的种子。

这是一段关于名创优品源起的故事,它孕育着无数亟待改革的实体企业的未来,却已经生长在了自己的昨天。

1. "生意"与"生生不息"的"创意"

这个听上去有些像绕口令的小标题其实源于叶国富一次演讲中对"生意"二字的解读,他说:"生意,就是生生不息的创意。"

我很怕和人探讨有关"创意"的问题,因为"创意"本身诞生于"虚构","源于生活高于生活"不过是一句好听却不太实用的形容语。因此时至今日,我也无法仅仅凭叶国富其人的这一句话,来解读出他对"创意"二字的理解。

然而，我倒是挺认同叶国富先生对"生意"的重定义。因为无数发生在我们身边的例子告诉我：

只有把"生意"做成"生生不息"的"创意"，才能实打实地把"生意"做得"生生不息"。

在生意场上，可以佐证这一点的例子数不胜数。

至今仍记得十年前的某个夏天，我和另外几名女同学去一名风度翩翩的男同学家做客的时候，他从一个木制置物架上取了一瓶伏特加，往盛着冰块、晶莹剔透的玻璃杯里倒了那么一点，继而闷声一口将这种烈酒喝得极有气魄，最后甚至还学着俄罗斯人的样子，"哈"地吐出一口酒气。

当然，这个故事无关乎"情窦初开"，然而这一幕却被炎炎夏日在我的记忆里烙上了一枚清晰可见的烙印。因为对于那个年纪没见过世面的我来说，亲眼见到同龄人品咂洋酒可是件挺稀罕的事儿，而那位同学也因为此举被打上了"酷"的标签。

即便放在今天来讲，洋酒在酒的世界里，也很容易让人看作是"时髦"二字的代名词。

那么，作为中国国酒的白酒呢？

我的一位心直口快的朋友的回答想必代表了大部分年轻人的心声："白酒？那是我爸才喝的！"

众所周知，白酒的历史沿革源远流长，其承载的文化底蕴博大精深，然而在80后和90后的群体中却没有被普遍推广。甚至在他们眼中，有着深厚中国风背景的白酒总是隐隐约约地透着那么一股子"俗气"。

事实上，这也是年轻人对许多传统企业的印象：一成不变、乏味陈旧，如一个喋喋不休早已落伍却喜欢说教的长辈。而千篇一律地在宣传和推广中强调积淀和传统的白酒企业特为尤甚，如果在天猫或京东的搜索栏内输入"白酒"二字，不论品牌大小，不论价位高低，目之所及尽是诸如"百年""世纪""珍藏""国礼"之类的形容词，包装也不出意外的中规中矩毫无新意。

而在这样的酒业大背景下，一款名为"江小白"的白酒产品的诞生就显得格外特别了。它以超越第二名将近4000个的月成交量排在各大电商平台同类产品销售榜的最前列，而在诸如天猫国产白酒热销榜的榜单上也同样意料之中地排名第一。

偏偏就是这个"江小白"，像一个叛逆时尚、出身于白酒世家的"富二代"，非但不按套路出牌，将内包装从"高端大气上档次"的厚重酒瓶变成了"清新俏皮卡通范儿"的"饮料瓶"，将外包装从"低调奢华有内涵"的绒布和木盒变成了"轻装上阵无压力"的小纸箱，而且还为自身品牌量身打造了一位有些特别的"代言人"——一个长得挺帅穿得挺潮的卡通小人：江小白。

至于这位新兴的网络红人，也被其所代表的白酒企业赋予了新的意义。

江小白是喜欢旅游、乐于助人、热情大方的70后；

江小白是喜欢摇滚、网络、憨厚可爱、幽默搞笑的80后；

江小白是个性时尚、热性过度、情感生活丰富的90后。

江小白酒业的创始人陶石泉在2013年年底谈起其背后成功经验时曾这样说:"我一直在探索怎么用微博传播我们的传统行业,探索怎么用互联网思维经营我们的传统行业。我想,当我们的年轻消费群体不再需要端起洋酒才觉得代表青春活力和代表时尚的时候,这就是我们能替这个行业、能替我们中国人自己证明的一点点东西的时候。"

创意是什么?

对于江小白而言,创意,就是**重新定义传统**。

当然,也有人对这样新潮地定义白酒文化提出异议和质疑,甚至直指其包装不够"厚重华丽",有损传统国酒的威仪。然而在我看来,在彰显个性的时代中,在众口难调的真理前,妥协和保守会让一个企业乃至一种文化走向灭亡,唯有创意与创新的血液才能如可以长生不老的"唐僧肉"一般带来真正的"传承"和"延续"。至于特立独行的江小白,你管它的包装像修正液还是香水瓶,只要顾客喜欢,那就是变革和创新的胜利。

也许上面这个例子还是有些"小众",毕竟白酒文化要想在年轻群体中普及尚需时日。另一个与"江小白"的变革有异曲同工之妙的创新故事,也许更广为人知。

如果你在读上段文字之前没有听过江小白,那么应该听过另一个有趣的品牌——三只松鼠吧。

如果你留意过三只松鼠的品牌Logo,那么一定会被这三只形态各异、Q萌却如出一辙的小松鼠所吸引。

你也许想不到,这看上去如此讨人喜爱的三只毛茸茸的小东西，从2012年诞生之后便逐渐成为目前中国销售规模最大的食品电商企业。

在三只松鼠博取客户一笑的同时，也受到了数不清的风险投资机构的青睐，先后获得IDG的150万美元A轮天使投资和今日资本的600万美元B轮投资。2015年，三只松鼠获得峰瑞资本3亿元的投资。至此，三只松鼠的估值已经高达40亿元，成为互联网上估值最高的电商品牌。在融资发布会上，三只松鼠的创始人兼CEO章燎原开玩笑似的说道："这笔投资我本来不想要的，但是我要支持李丰（峰瑞资本创始人）创业嘛，本打算只要1个亿，最后得了3个亿。"

那么，三只松鼠究竟是做什么的？

如上文所言，它是一家"食品电商企业"。可若是再说得通俗具体一些，我们可以这样描述：卖坚果的。

如果我们把时间倒推15年，那个时候，散货坚果市场还在蓬勃发展，实体零售摊位的炒货价格亲民、购买便捷，还可以挑选品尝，它们在逢年过节以外挖掘着顾客的偶然需求。当然，也没什么品牌可言。

2001年以后，以"洽洽瓜子"为代表的袋装坚果市场开始崛起，满足了年轻一族或者说是办公室一族的时尚快节奏需求。他们重视产品的特点和质量，不以价格作为挑选产品的主要因素；大多数时候他们购买坚果既不为了招待客人也不完全为了满足口腹之欲，而是追求生活品质和愉快的体验。

这样看来，传统的散货坚果市场和时尚的袋装坚果市场满足了不同群体的消费习惯和消费欲望，互联网的发展也促使着散货坚果和坚果品牌纷纷"移店上网"。因此从这个角度来说，想从坚果行业的红海中开辟一条坦途并取得成功，无论是线下开铺还是线上设店，都是难上加难。可三只松鼠，偏偏就找到了突破口，那就是——碧根果。

在三只松鼠尚未为人所知的时候，国内的坚果市场里，花生、瓜子、核桃和开心果几乎占据了整个江山。

碧根果口感优于核桃和开心果、滋味胜于花生和瓜子，最重要的是，这种别名为"美国山核桃"的坚果皮薄而脆，可以轻而易举徒手剥开。

三只松鼠"标新立异"地选择了碧根果作为主打商品，不得不说是找到了坚果红海市场中的一小片蓝海。

众所周知，电子商务平台的先天缺陷之一便是体验的缺失，一家网店既不可能依靠装潢和氛围取胜，也很难借助于销售人员和其所提供的服务突围，甚至有人如是说："淘宝，是品牌的死亡泥沼。"

然而习惯了特立独行的三只松鼠，就偏偏从"氛围"和"服务"上想出了新点子。

对于互联网而言，用户可以是虚拟的，世界可以是虚拟的，那么体验也可以是虚拟的。"二次元"的热门和语言cosplay（简称语C）在00后群体中的火爆无一不体现了这一点。在一些中学生的QQ群里，几个人三言两语就能勾勒出一个小宇宙，体验一段不一样的人生。章燎原根据这一点，在企业内部制定了如下两条规则。

- 三只松鼠的所有客服必须把自己当作小松鼠，称客户为主人，为主人提供萌式个性化的服务；
- 三只松鼠的所有员工必须以"鼠"为开头，在潜移默化中培养这种独特的企业文化。

于是，在三只松鼠的团队内部，你能看到这一有趣的场面，章燎原一本正经地自称为"鼠老爹"，而一个37岁的客服大叔坐在电脑前敲着键盘对顾客说："主人主人，我是小鼠儿。"

于是，对那些被淘宝无数卖家喊过"亲"的你我来说，往往记不住那些客服人员热情洋溢"亲"长"亲"短的店铺，却总是能记住以"鼠"自称，开口闭口"主人"的三只松鼠。

创意是什么？

对于三只松鼠而言，创意，就是**另辟蹊径与众不同**。

我们可以看到，"生生不息"的"创意"让这些企业的"生意""生生不息"。

但是读至此处，也许有些对文字要求严苛的读者会提出质疑："说了这么半天，无非讲的是两个电商企业利用创意产品和创意文化搞创新从而发展壮大的事情，这和身为实体店的名创优品有什么关系呢？这难道不是在宣扬电商吗？"

"线上"作为时尚和快节奏的代名词，是一个名副其实的"创意王国"，通过借助于创意实现成功的例子不胜枚举。对"线下"的传统企业而言，这种大胆的颠覆传统和极致的标新立异还并不多见。

试想一下，如果上述两个案例发生在实体零售业，且名创优品也追随着它们的脚步，效仿着搞一些博人眼球且"创意"十足的点子，那么不去讨论名创优品是否还能拥有如今的成就，只去讲名创优品如何创新、如何富有创意对我们现在所讨论的话题是没有任何借鉴意义的。

当互联网的"创意文化"接近饱和，且"追求创新"的跟风大潮降临之际，我们过去所谈的创意都将不再是创意。

正如章燎原所说："三只松鼠的成功在于每一步都踩在了互联网发展的节奏上，现在即便给我一个亿，我也烧不出第二个三只松鼠了。"

然而别忘了，名创优品还是实体零售业的第一家。

关于它对"生生不息"的"创意"的追寻，比上述故事还要复杂而漫长得多，给我一些时间，让我在下面的故事里娓娓道来。

2. 去日本看看

问：在名创优品诞生之前的"节骨眼"上，叶国富做的第一件事是什么？

答：他去日本看了看。

问：日本除了漫画和妹子还有什么好看的？

答：看货，看日本货；看人，看中国人。

也许这样的问答在许多人看来有些无厘头，然而真正在日本参与过国人购物狂欢的读者恐怕会会心一笑，心照不宣。

02·源起：长在白菜地里的萝卜

事实上，日本的实体零售广泛引起国人注意还是在 2013 年以后。

彼时的中国电商行业，恰处在形势变迁的节骨眼上。微信和小米的崛起使原本一头独大的阿里巴巴地位被撼动，手机端支付功能的开启和普及也显示了含有"社交"概念的移动互联网的高增长潜力，聚美优品、京东和阿里巴巴的相继上市也标志着一个新时代的开始……种种现象昭示着国内的电商行业已经到达巅峰。然而令人不解的是，在电商行业拥有较之中国而言更良好的历史基础的日本，在这个互联网高速发展的时代，电商却始终无法和实体零售业一争长短，甚至甘为绿叶，成为实体零售店的"附加服务"。

日本的电子商务，雏形是名为"通信销售"的销售模式。"通信"指的是类似广播、电视和杂志的信息传输交流媒介。在没有电子设施可以让卖家与买家进行即时买卖的时代，这种通过纸媒来推广和接单的形式极类似隔空营销。而这样的销售模式，早在日本近代邮政制度设立 5 年后的 1876 年便发源了。

1970 年，日本的电台购物和电视购物已经开始流行，在互联网普及之前便开展得如火如荼。

而在阿里巴巴注册成立的 1998 年，日本电商交易额已经超过了 870 000 亿日元。

可任谁也没有想到的是，在电商领域占尽了先机的日本在全面进入互联网时代之后，电商的发展反而变得缓慢无比，不但渗透率极低，其规模和活力也远远逊色于后起之秀的中国，甚至连消费群体的质量也无法与中国相媲美。有一项调查显示，在日本，利用电商平台进行网购的主力军不是风华正茂追求时髦贪图新鲜的年轻人，而是行动不便习惯了足不出户的老年人。

通过对日本电商发展的分析，我们可以知道，日本"线上"较之中国"线上"的"落后"，绝不是因为日本电商发展历程的"落后"。

而结合日本实体零售业几十年如一日的"坚不可摧"和中国实体零售业没落背后的"墙倒众人推"，马云的一句话点出了问题的关键：

中国"线上"较之日本"线上"的"先进"，恰恰是因为中国实体零售业较之日本实体零售业的"落后"。

那么，比起实体零售"落后"的中国，日本究竟"先进"在哪呢？

【1】物流

在国内，大小商品"送货上门"的"轻松购物"模式似乎是电商独有。如果你钟情于实体店和步行街，那么就免不了要提着大包小包在商场和门店中进进出出，采购归来总是身心俱疲。

而在日本，我们所熟悉的顺丰式服务成为实体零售业的最低标准，百货店无一例外都配备了自己的配送服务和网上销售渠道。如果你不想"亲力亲为"地把十几只甚至几十只大大小小的购物袋提回家，那么就可以委托百货店打包送货上门。这一服务并不局限于家电等大件商品，任何服饰、鞋子、皮包、日用品都可以被直接送到顾客家中或酒店房间。

除此以外，日本的电商配送体系本身就建立在实体便利店的基础之上。在日本，包裹服务商可以借助于便利店实现包裹的邮寄，而在线零售商也可以利用便利店实现就近配送。这意味着日本电商体系与实体店之间是"有福同享"的共生关系，而不是"你死我活"的竞争关系。

【2】布局

读完上一段文字，不少读者可能会对日本电商配送体系与实体便利店的关系存疑。毕竟利用便利店实现就近配送，就意味着日本便利店的分布很可能会比国内大小快递点的设置更为密集。

事实也的确如此。

日本实体店的设置密度之大是令人惊叹的。

以大阪为例，其商业形态有商业街、车站商业生态圈、便利店布局。通常商业街集中在市中心繁华地带，同时各商业街通过各车站生态圈相关联，在各车站之间的地带以便利店、Shopping Mall、Supermart布局，从而构建了地上地下，从区域以点带面的网状商业生态图。

仅从便利店来说，截至2015年3月，日本就已经突破5.2万家。其中又以东京数量最多，规模最大的三家便利店7-11、罗森、全家在东京就拥有超过5 700家店铺。在一些便利店"激战区"，简直是随便走两步就有一家。

生活在一个只要下楼就能方便购物的环境中，因为"懒"或"宅"而选择"线上"购物的理由就很难成立了。

【3】体验

谈到"线下"，就一定离不开已经被我们强调了很多次的

"体验"。

作为"线下"战胜"线上"的突破口和关键点,日本发达的实体零售业自然早已做到了极致。

从配套服务来说,代客泊车、取车、提行李、推婴儿车、为轮椅顾客启用专门电梯等免费服务都是日本百货店必不可少的项目。不少实体店允许携狗入内,为了在给顾客带去优质体验的同时保持店内清洁,这些店铺为顾客的爱宠提供了专门用于洗爪子的水池。目前,针对赴日中国游客与日俱增的情况,东京的大部分商场还配备了中文总台服务员,专门为中国游客提供帮助。

从产品种类来说,日本门店货品的丰富程度绝不逊于电商。在日本,我们常常可以看到令人叹为观止的足有三四层楼高的文具店、玩具店,甚至帽子店。而在这些店铺里,产品的迭代和更新也异常迅速。以便利店中竞争最激烈的食品领域为例,在日本知名便利店品牌 Circle K Sunkus 的门店中,每周都会有 5~8 种全新的"原创"甜品与顾客见面。无独有偶,全家便利店(Family Mart)每周也会与其合作的甜品制作商研讨自有甜品的研发事宜。

从品质追求来说,日本实体零售业的产品质量总是让人感到安心满意。厂家对优质产品的生产锱铢必较,商家对产品质量的把控一丝不苟。如果我们在商场买到了残次品,不但会得到大额补偿,十有八九还会收到一封来自经理的致歉信和一件精美的礼品。而日本实体店在品质上的追求,却不仅仅止步于"不缺斤短两"或"没有残次品"的标准。在美学方面追求极致的产品设计,也是日本实体店赖以生存和持续壮大的原因之一。以常被作为品牌故事搬上品牌讲堂的日本男前豆腐为例，它在几十年豆腐店手工传承的基础上，打造出特有的视觉体系，推出了包括"豆乳的摇滚乐""厚炸豆腐队长"在内"内外兼修"的高品质产品，成就了一个好吃而有趣的"日本手工豆腐帝国"。

从购物氛围来说，日本对商业定位的强调和探讨要远高于商业本身，因此对店面的装修和对购物氛围的塑造被看作是重中之重。以号称引领日本社会消费品位的松屋百货（Matsuya）为例，在设计师原研哉（Kenya Hara）的设计下，大量的白色和玻璃元素让松屋百货焕然一新，完美地切合了其追求"实用中的时尚"的创办理念。而东京郊外一家以花为主题、名为 Garden Walk 的露天零售广场中，从人行道的装饰到商店屋顶的设计，无处不彰显着花卉的魅力。在日本，百货店与品牌共同向购物者传达着高品质的生活气息，为购物者增添了购物的乐趣，让购物行为本身就成为一项值得期待的大型娱乐活动。

从情感需求来说，专注于精益求精的日本人常常可以将一家店铺经营至上百年。在他们眼中，生意没有"做大"与"做小"之分，而持续不断的专注才是他们获得满足感的根源。精益求精的匠心是日本实体业保持旺盛生命力的源泉，相当一部分传统品牌因此得到了传承和延续，它们本身也就顺其自然地成为顾客们的情感依赖。

【4】价格

众所周知，日本的零售行业竞争非常激烈。这一点，从我们上面探讨过的有关日本实体店的分布上就能获悉一二。白热化的竞争使得日本的实体店已经成为"微利产业",在这样的环境下,只有"超廉价"的门店才有生存和竞争的机会。

非常现实的一个例子就是在国内以10元商品为主打的名创优品,作为一个被冠以日本血统的实体零售品牌在日本主打的价格带为200日元上下(大约相当于10元人民币),不能否认,十分低廉。

可有别于在国内的"如日中天",名创优品在日本的发展则显得平淡无奇、丝毫不惹人注目。要知道,主打100日元的零售店早就开遍了日本的大街小巷,实体零售商们为了这个"微利时代"中的一线生机可谓使出了浑身解数。

其中,最为常见的方式便是"大量"战略。即寻求国内"大量"生产产品的知名厂商"大量"进货,从一些中小型厂商处一次性"大量"买断,或者是通过包括中国在内的人力成本相对低廉的海外工厂对自有品牌的商品进行"大量"定制,继而极尽所能地利用各种手段"大量"销售。

除此以外,日本100元店在宣传成本、渠道成本和人力成本上的节约也同样奇招百出,却招招夺命。关于这方面,在后文对名创优品的品牌塑造和供应链的探讨过程中再为大家一一解读也为时未晚。

言而总之,日本零售百货对低价的追求使得日本产品"线上"与"线下"的价格差距变得微乎其微。

可媲美"线上"的**优质物流**,可取代"线上"的**密集布局**,

可超越"线上"的**绝佳体验**,可平衡"线上"的**低廉价格**。

四者缺一不可、相辅相成,成为日本实体零售业制胜的关键。

然而一味对日本实体零售业特点的褒赞和推崇是冒险而不负责任的行为,因为任何可被当作标杆的范例但凡脱离了社会格局和本土国情,直接拿来借鉴和学习,得到的便一定不是"大获全胜"的喜悦,而是"南橘北枳"的尴尬。

为了避开这个巨大的泥沼,我们不得不客观地对以上成就了日本实体零售业的有关内容和特性做一个减法,只有减掉那些因日本特有的国情和制度而带来的先天优势,方能得到可被移植和复制的核心结论,以及可以放心"进口"的"实体秘籍"。

【1】电商征税

在国内,如果你是一名淘宝店主,那么我很想问你这样一个问题:"你交过税吗?"

我的一位朋友便开过淘宝店,出于对艺术的兴趣,我曾借助于她的店铺销售过一些原创文具和工艺品,虽然没有当红网店日入5万元的交易额,但在最好的时候每天的收入还是可以达到1 000~2 000元。而关于"税收"的问题,在她还经营着这家店铺的时期,竟然一次也没"灵光乍现"在她的脑子里。

事实上,我的朋友绝不是个例。在国内,"搞电商不用交税"的思维在淘宝店主群体中普及得"理所当然"。

2013年全国"两会"期间,全国人大代表、步步高集团董事长王填在接受媒体采访时表示,网络购物"不开发票不上税"已成为潜规则。

有"专业人士"一本正经地如是说:"目前中国对于电商企业是否征税仍旧处于探讨过程中。"

从理论上来说,关于征税这一点,本不该有任何探讨的余地。因为任何企业和个人经营都要依法纳税,而现行税法也足以应对电商的涉税行为。那些口口声声说电商纳税无法可依的人,总归是有些"揣着明白装糊涂"的嫌疑。

可从国内来讲,电商征税的难点在于"监控难"。

正是由于互联网交易无纸性、隐匿性、跨地域性的特点,导致了税务机关难以掌握电商平台上的交易进程;同时使电商的销售收入极易隐瞒和造假,甚至对一些频繁转让的网店来说,连确认网店实际纳税主体的信息都成了困难。而如我朋友一般的个人电商,则几乎游离在了税收管理制度之外。

因此,国内的电商行业目前依旧是与偷税漏税行为挂钩的。

因此,靠吃政策红利发了家的阿里巴巴是幸运的。

而对电商税收的监控工作,依然还处在摸索和发展当中。

这种现象降低了在中国开设网店的门槛,也让国内的电商行业从拖累着实体零售业"税费租"的大山底下"解脱"出来,成为造成"线下""线上"价格悬殊的重要因素之一。

在电商起步更早的日本,从1998年公布电子商务活动的基本指导方针后,就已经对境内从事电子商务的企业实施征税政策,并且逐年大力落实。可以说,较之中国而言,日本对电商税收的监管已经十分完善,故而日本电商企业的价格优势并不很明显。仅从这一点来说,日本线下实体零售业的发展本身就具备了更多空间。

我们不得不承认,日本有关电商税收政策的明确、推广和实施,也是使其实体零售业遥遥领先的原因之一。

我们更需要知道,较之身在日本而言,试图在国内打造与"线上"旗鼓相当的"线下"价格的实体零售商们,要走的路就困难得多了。

【2】国土面积

日本本土高效的物流网一向被人们津津乐道,毕竟"购物不用拎包""出门即可取件"对谁而言都是种称心如意的享受。

甚至在网络上也三番五次有人如是发起了牢骚:"怎么中国就不能借鉴一下呢?"

然而我们不得不正视的问题是:无论是日本实体店的覆盖式分布还是常常为人称道的神奇物流网,都和日本国土面积小的先天环境有分不开割不断的联系。

而在地大物博且城市布局远没有日本紧密的中国,建设可媲美日本的发达的"物流网",大约比建设万里长城还要困难得多。

对一个实体零售商而言,妄图依靠一己之力在国内实施改造大计,无异于移山的愚公;而且,并不会得到天神的垂怜。

【3】风土人情

从家庭分工来说,日本仍以单职工家庭为主,流连于商场和实体店是女人消磨时间以及社交娱乐的主要方式。

从性格因素来说,日本的民众相对保守,且更注重个人隐私,很忌讳包括姓名住址在内的个人信息的泄露。因此,不少日本买家对于电商本身还是持怀疑态度的。

从支付系统来说，日本的支付系统并不发达，大部分网上支付都需要依靠在我们看来十分"复古"的汇款转账模式来完成。

上述三个符合日本国情的独有原因，都导致了"线下"成交量远大于"线上"的现状。

而对于不具备这些"土生土长"优势的中国实体零售业来说，想从"线上"手里夺下一片天地，就不得不付出更多的努力。

日本实体零售业的发达得益于先天的优势和后天的布局，如果真的要做一番减法，去掉无法实践的"送货上门"和对单一品牌而言天方夜谭的"密集布店"，扣除由日本本土文化而带来的成本优势，再将白天徘徊在实体店全职主妇们完全排除在外，得出的结论简直让人绝望！

"便利"和"低价"这两点几乎已经没有任何探讨余地。

幸而剩下的，恰是潘多拉盒子底部的"希望"——体验。

再细致一些，那便是：在产品设计与门店氛围塑造上的努力。

纵然结论触及"线下"的核心，可对窥破了日本零售业的秘籍却又不得不舍弃"大半江山"的你我来说，不失望是不可能的。这就如同处于手捧一本绝世武功《葵花宝典》，能实践的却唯有"挥刀自宫"一般的尴尬处境。

面对这种局面，从日本取经归来的叶国富却找到了出奇制胜的办法，他说："体验我要，低价我也要。先天不足，就靠后天弥补！"

然而世间安得两全法？

国情不同，后天弥补谈何容易？！

事实上，叶国富早已打破了思维的僵局，他放弃了从某一个大方面上借鉴的途径，而是采用"迂回"战术，将从"面"的借鉴细致到"点"，凡能所学，事无巨细。与此同时，因地制宜，扬长避短，将经他手移植而来的日本模式在中国肥沃的土壤里培植得健壮葱郁。

关于这些颇具传奇色彩的内容，我们暂且按下不表。因为对日本实体零售业的深究只不过相当于一部史诗巨著的引子和开篇，一个贯穿全局的伏笔，它所传达出的理念是"叶国富式"奔跑的原动力。在我们以后对名创营销模式、品牌理念以及供应链的深入过程中，将会在"叶国富式"的商业改革当中看到无数这一节所解所析过的日本战略的影子。

3. "我"和三宅顺也

程咬金有三板斧：劈脑袋，鬼剔牙，掏耳朵。

叶国富有两把刷子：体验好，价格低。

叶国富很清楚，自己要开的并不是一条步行街，更不是一家购物中心，效仿日本商场做一些大型主题活动式的设计，借以渲染购物体验未免措置乖方、不合时宜。虽然在其后漫长的岁月里，他也创办过不少装潢极富主题特色、一目望去美轮美奂的实体店，并且无一不取得了非凡的成绩，但在名创优品即将破壳而出的节骨眼上，叶国富明白，此刻最重要的核心，就是要回归产品设计本身。

有时候，一款制作精良、以人为本的产品给顾客带去的美好体验，远胜于"门店包装"。

那么，这就向非设计师出身却在饰品日用品行业身经百战的叶国富提出了一个新的挑战。

也许有人觉得，这压根就称不上是挑战，国内的优秀产品浩如烟海，叶国富的时尚买手团队在运营"哎呀呀"十余年来也日益成熟和壮大，他们紧跟着时代的步伐以"快时尚"的战略和独特的审美取得了一次又一次的成功。因此对于有着这样基础的叶国富而言，似乎随便去几家大小产品研发商的厂子里打一个来回就能满载而归，搞定绝大部分问题。

可叶国富不能这么做。

他需要生产自己的原创产品，一件一件匠心独具、巧夺天工，从电商平台上看不到也买不着。

他需要打造一个像日本百元店一般的自有品牌，效仿日本实体零售业从设计到经销过程中的全程把控，把设计力和定价权牢牢攥在自己手里，这样才能在塑造产品独创性的同时，把成本压到最低，借此确保价格上的优势。

他需要一名品牌专属的优秀设计师，这名设计师需要具备与众不同的时尚思路、清新自然的设计风格、慧眼独具的审美观念，并且能在他对全局的掌控之下，负责确保所有产品细节上的优质和独特。

所以，他结识了三宅顺也（Miyake Jyunya）。

三宅顺也是何方神圣？

名创优品给出的官方介绍如下。

三宅顺也，毕业于日本最大的设计师摇篮"日本文化服装学院"（BUNKA FASHION COLLEGE）。他与高田贤三（KENZO品牌创始人）、三宅一生、山本耀司、小筱顺子等校友一样，从享誉世界的时尚殿堂毕业后，便迅速在设计领域崭露头角，是全球生活优品消费浪潮发起者、日本"自然の生活"派设计师和新掌门人、多个国际知名时尚品牌签约设计师、国际著名休闲百货品牌MINISO名创优品创始人。他以简约、自然、富质感的设计风格而著称，在日本享有休闲百货零售领域的"自然使者"之美誉。

从简介上来看，三宅顺也其人可谓既有名头又有噱头。可若是深究，想必大家对"简约、自然、富质感"三个词仍然一知半解。

在日本，有关"自然"与"生活"这种颇具禅意的话题总是经久不衰。而将这种"禅意"精神运用在设计层面的，在名创优品诞生之前，已经有了一个人尽皆知的绝好例子，那便是风靡全球的日本杂货品牌——无印良品（MUJI）。

如果我们究其诞生的原因，就会发现，虽然其诞生的大背景与名创优品千差万别，但是它们的动机却不谋而合；同时，这两家现在皆已享誉国际的优秀品牌在创办之初，都可称得上是"逆势而为"。

和名创优品一样，无印良品的"破壳"当年便赶上了实体经济的低迷期，只不过前者是在孕育之际就注定要承受互联网的冲击,后者则要直面 1980 年全球一触即发的经济危机和日本严重的能源危机。

在这种情况下,人们对于"物美价廉"的需求便成倍增长。而那个时候的无印良品则与现如今的名创优品一样,在"逆势"中实现了一次漂亮的"顺势突围"。

为了满足彼时顾客的需求,强调实用性的无印良品简化了产品包装,简化并废除了品牌推广,从而降低了生产成本,而成本的支出仅被用在产品本身上,这就让产品变得"物有所值"。这种实事求是、物尽其用的思路与我们今天所宣扬的"极简主义"可谓殊途同归。

在这种思维方式的引导下,无印良品由一枚日用百货领域的明星,逐渐蜕变成一个引领潮流的品牌。

它推崇品牌、标识和包装的弱化,强调设计日常化、生活化,强调删繁就简,强调返璞归真,崇尚万物有灵。这种设计精神,与白居易的"此时无声胜有声"有异曲同工之妙;同时,也更接近老子所提出的美学观念:"大音希声,大象无形。"

它将我们所谓的"自然"与"生活"间的微妙联系升华到了一个感性与理性纠葛的文化高度,那就是——"空"("EMPTINESS")。

因为"空",它不再需要过度的解读,也不再受地域和文化的牵制,而是在思维先驱的道路上越走越远、越走越广。

这种与叶国富"低价理念"相得益彰相辅相成的设计理念,让我们不得不重新审视叶国富与三宅顺也的"偶遇"。

我们可以说，是三宅顺也的设计理念吸引了叶国富。但是我相信，比起"墙头草"式的跟风，叶国富是经过深思熟虑且具备市场眼光的。如果意外闯入他视野里的不是三宅顺也，那么也一定是积极地以实践探讨着设计领域"自然"与"生活"辩证法的某位优秀设计师。

这是偶然，也是必然。

如果说商业模式的借鉴使得叶国富的名创优品具备了日本实体零售业的血统，那么"空"和"本真"的设计理念的确立就使得名创优品拥有了日本实体零售业的灵魂。

通常情况下，用一种诸如上段文字般以吹捧和升华为主要目的的遣词造句作为一篇文章的结尾是再合适不过的。可是不好，这不够符合娱乐时代的娱乐精神，这样皆大欢喜的结尾也不够支撑起"我和三宅顺也"这么一个八卦气质十足的标题。

有关三宅顺也其人的确疑点重重，他在互联网上的信息少得可怜，即便是从2016年开始亡羊补牢似的在互联网上增加曝光率，相关报道也都以寥寥数语一笔带过。而种种线索暗示，名创优品在产品设计定位上的把控者和抉择者，都是叶国富。

关于这一点有些"偏题"的探讨和其背后的隐喻，我们还是在此埋下伏笔，放在第8章为妙。

4. 谁说萝卜必须长在萝卜地里？

假如你有两块肥沃的土地，一块名曰"萝卜地"，一块名曰"白菜地"。

在一个没招谁也没惹谁的早晨,你突发奇想,打算种些萝卜好在收成之际拿到市场上卖钱。

你仔细地将精挑细选的种子带到你的萝卜地里,在即将播种之际瞥了一眼旁边的白菜地,你愣住了、迟疑了、纠结了。因为你发现,旁边那块土质一样的白菜地里,似乎种植成本更低、面积更大、人力更多、收成更好……

你产生了怀疑和疑问:我要把萝卜种在白菜地里,还是种在萝卜地里?

我想,绝大部分聪明人都会选择前者。

可是如果把萝卜种在白菜地里,那么在可以预计的未来,白菜地里长出来的这种"通体鲜红、缨子翠绿"的植物,究竟算是白菜还是萝卜?

这个问题若是放在我的西北老家,恐怕会被手掌厚实粗糙的长辈们猛地一拍后脑勺:"憨娃子,萝卜白菜都不分啦?"

我们都不傻,当然知道这种"通体鲜红、缨子翠绿",由萝卜籽长成的植物是萝卜。可奇怪的是,这个问题一旦放在名创优品身上,就让我们变成了分不清"萝卜"和"白菜"的"憨娃子"。

2016年年初,我在朋友圈向我的两千多个好友征询对名创优品其品牌看法的时候,有超过十个人向我回复得直截了当却不约而同:"国产冒牌货/听说是国产的/披着日货外衣的国货……"

另一位以文艺青年著称,习惯了用"优美修辞"+"英文"+"网络流行语"的非典型80后、90后议论方式抒发感情的朋友则发表了如下内容：期待中的是东瀛风、扶桑范儿和樱花味道的浪漫，谁料想拿到手里才发现是"made in China"的"伪劣"产品,坑爹啊！

还有一位关系要好的朋友则神秘兮兮专程致电而来向我爆料："知道吗？名创优品最早是在广东注册的！是名副其实的中国品牌啊！"

事实上，这些体贴地为我分享着他们真知灼见的朋友们的看法，的确符合目前互联网上对名创优品的质疑。质疑的焦点无非集中在了两个词汇上面："品牌定位""中国制造"。

那么，什么是品牌？

在市场营销学的课本里，我们能看到如下对"品牌"二字的解读和定义。

从广义上来说，"品牌"是具有经济价值的无形资产，用抽象化的、特有的、能识别的心智概念来表现其差异性，从而在人们的意识当中占据一定位置的综合反映。

从狭义上来说，"品牌"是一种拥有对内对外两面性的"标准"或"规则"，是通过对理念、行为、视觉、听觉四方面进行标准化、规则化，使之具备特有性、价值性、长期性、认知性的一种识别系统的总称（这套系统也被称为 CIS 体系，即 corporate identity system）。

上述理论说明太复杂和烦琐，但若是我们稍稍加以提炼，几个关键词便呼之欲出：特有、规则、长期、无形。

简而言之，"品牌"就是指消费者对于产品本身的认知程度。当然，这也依赖于品牌创立者对品牌本身的塑造和不断完善。

对于名创优品而言，我们也许会用很多篇幅去深究其对日本实体经营模式的借鉴之处，却也不能忽略其在核心文化层面的定位。

如果我们再一次驻足在名创优品的门店里，选择性地遗忘掉名创产品"made in China"的真相，去寻找其中那些"特有"的、"规则"的、为我们带来了"长期"印象的"无形"气质，我们会发现些什么？

当我们面对这间与日本百元店如出一辙的名创优品，面对那些精致的印刷着日本达摩图案的文具、烙印着鲜明的日本意韵的日用品以及鲜明的原研哉和佐藤卓式设计风格的时候，我们能"顺理成章"地告诉大家"这个灵感和模式源于日本，传播着日本本土文化和日本设计理念，且严格遵循着日本品控标准的品牌是中国品牌"吗？

这样的理解，在一些执着的朋友看来大概依旧无异于诡辩，因为对品牌的定位并不能消弭"made in China"的客观事实。

那么，这就涉及我们刚才所提及的两个焦点中的第二个："中国制造。"

如果我们还记得在关于日本实体零售业的探讨中所提及的"大量"战略，就一定会记得日本百元店为压低成本，而通过包括中国在内的人力成本相对低下的海外工厂对自有品牌的商品进行"大量"定制的策略。

既然开设在日本的日本品牌杂货店里的产品可以"made in China"，既然数不清的国外知名品牌在经过理性思考和客观判断之后选择了"中国制造",那么,以中国为主力市场的日本品牌时尚日用百货店里的商品为什么就不可以走前人之路呢?

如果我们说日本的百元店产品物美价廉,那么同时也不要忘记,以"物美价廉"享誉全球的,除了日本的日用杂货外,还有中国的人力资源。

对于在中国土生土长又在国内著名的小商品集散地广东摸爬滚打多年的叶国富而言,效仿日本的百元店、利用中国的工厂对自有品牌进行"大量"定制,对名创优品而言更具备优势。

至此,我们对于"品牌定位"和"中国制造"的问题可以告一段落。

因为这种流于表面的现象分析在许多"黑"惯了名创优品的朋友眼中,不过只是对名创模式的客观现状进行的一个总结式"洗白"。

我不想替谁"洗白",也不想把谁"越描越黑",但我愿意撇开以上的一切解释,与大家一起尝试着接近本源,去找出"叶国富为什么要打造日本品牌"的原因。

只有找到了这个原因,有关"日本品牌"与"中国制造"的论述才算"功德圆满"。

那么,究竟是什么促使叶国富走上了一条"日本品牌"创业之路?

崇洋媚外?哈日包装?博取眼球?

也许都不是。

也许这一切问题的答案,就存在于我们每个人最初的质疑里。

看看我在本节伊始于朋友圈所发布的调查结果就知道，我们的目光焦点有多奇怪。从某种角度而言，这体现了舆论导向下公众的审美趣味。

我们大肆批判着"made in China"，似乎若是论起中国制造的不足之处谁都可以出口成章，似乎但凡是中国制造就会被贴上"假冒伪劣"的标签。

可是，中国制造很可耻吗？

绝不可耻。

中国制造能力之强，在世界范围内都受到认可。可偏偏相当一部分的国人无论如何也不肯承认，甚至几乎绝大多数中国人都不会认为，能买到一件"made in China"的商品是多么值得骄傲的事情。

仅从这一点来看，一个不得不承认的现象呼之欲出："中国的制造能力很强，但是市场能力和品牌能力很弱。"

然而遗憾的是："制造能力提升易，品牌能力提高难。"

面对这块难啃的"硬骨头"贸然下口，只能"咬碎牙齿和血吞"。

叶国富的看法则更为悲观："少则30年，多则50年，甚至除茶叶、陶瓷这些代表中国的产品外，其他中国品牌很难打出中国，走入国际市场。"

这，便是我总在强调的社会格局。

这，也是基于中国社会格局之上的残酷现状。

然而叶国富的创新之举，则成为这"黑暗"现状下的希望之光。因此，我们必须感谢叶国富紧随其后的"语出惊人"：

"中国企业短期内走不出去，但中国企业家可以走出去。"

这是一种对老生常谈的"借船出海"战术的全新解读。

我们传统意义上的"借船出海"有诸如吉利集团董事长李书福那般的"天价购船"策略——收购。

而今天的叶国富式"借船出海"，则体现了一种开拓创新的"名创精神"——与外国人合资建造一艘冲破中国品牌魔咒的"大船"，然后驶向全球。

关于这种模式，互联网上有个很有趣的比喻：中国人坐着"船"出国了，和一个美丽的外国人生了一个足以在国内受到万人追捧、漂亮绝伦的"混血儿"，她不仅外貌美丽精致，还符合中国人的审美特征，且一举一动透着一股浓浓的异国情调。

于是，这个世界上多了一个依赖于中国制造的国际"混血儿"——名创优品；

于是，当我们还在执迷于质疑叶国富撒在"白菜地"里的"萝卜籽"长出来的究竟是"白菜"还是"萝卜"的时候，当我们所有人都埋着头勤勤恳恳地在"萝卜"地里耕种"萝卜"的时候，叶国富早已领先于众人，打破了传统的思维模式，走出了一条全新的康庄大道。

他，成功地种出了长在"白菜地"里的"混血"萝卜。

5. 出售的是一种优质的生活方式

叶国富种出了萝卜，我们也种出了萝卜。

所以，我们背着成筐的萝卜欣喜若狂汗流浃背地奔赴在赶集卖钱的路上。

可这个时候我们却发现，占尽了先机种出"价廉质高"的萝卜的叶国富竟然一副"以不变应万变"的姿态并不急着出手。

我们说："快去卖萝卜吧！个大！色鲜！爽脆！倍儿甜！"

叶国富一边研究新买的榨汁机一边不急不慢地说："我打算卖萝卜丝儿、卖萝卜汁儿、卖萝卜维生素片儿，总之就是不卖萝卜！我要卖的，是萝卜的营养价值和养生理念！"

当然，叶国富不是种萝卜的，他的生意也与"萝卜"没有一毛钱关系。但是对于叶国富而言，把"贩卖商品"升华到"贩卖精神"的做法，打破了商品与商品、行业与行业之间的界限，可以说几乎适用于任何领域。

所以，叶国富卖得了铅笔、卖得了本子、卖得了唇膏、卖得了数码产品，如果他想，当然也卖得了萝卜；

所以，叶国富搞得了旅游，也敢涉足金融；

所以，叶国富过去有"哎呀呀"，今天则有"名创优品"。

然而，我不愿意去功利地探讨这样的做法多么有利于塑造品牌、多么有利于扩大影响、多么有利于形成产业链、多么有利于加强购物体验、多么有利于培养粉丝和提高顾客黏性。

因为对于叶国富而言，即便思维的触角已经伸得足够深远，即便从不曾辜负"经营有道"的四字评价，但在从事着"精神贩卖"的过程中，最值得赞扬和推广的，还是他的动机和初心。

打工出身的叶国富深知"广漂族"的不易。面对一座留不下的城市,怀揣一方回不去的故土,漂泊的过程孤单、寂寞而艰辛。叶国富体会过这种感受,所以当有朝一日他从聚集在饰品地摊的年轻女孩身上受到启发并开始走上"哎呀呀"的连锁之路以后,他给"哎呀呀"以及自己的定位,就不再是简简单单地为了"生存而战",而是变成了——**"给打工的年轻人带去快乐"**。

这种理念与他今天对名创优品的定位异曲同工。叶国富谈及对名创优品的期望,说了这样一番话:"现在年轻人生活压力很大,我们希望通过努力把物价降下来,好比过去10块钱能买一盒饭,现在10块钱能买两盒饭外加一个鸡蛋,年轻人的幸福指数不就提高了吗?"

而在另一次演讲中,叶国富如是说:"为什么大家都想变成有钱人,有钱人的感觉就是想买什么就买什么、想怎么买就怎么买。在名创优品,这个梦想,可以实现。"

这种难以言喻的"幸福感"和"满足感",其实就是隐藏在名创优品成功背后的秘密。

我们常说,在生意场上,结果重于动机;

我们也常说,某某某的"善意",不过是为了一己私利。

说的人多了,听的人也便信了。

于是,一颗诚挚和朴实的利他心反而成为今天上至互联网下至实体店的零售业最为宝贵,也最为欠缺的东西;

于是,试图在这个纷繁的社会利用动机论、因果论和德行论在道德的水平线上去评价一个企业或一个事件便显得越来越困难。

而致力于出售优质生活方式,解放一代年轻人的叶国富,则成为一个"善因结善果"的美好例子。

这种"善因",也成为名创优品生生不息的源泉。

03 重新定义全球零售业
商品本身很便宜，只是他们卖贵了

● REDEFINE THE GLOBAL RETAIL INDUSTRY ●

冰川纪过去了,
为什么到处都是冰凌?
好望角发现了,
为什么死海里千帆相竞?

——北岛

金融危机过去了，为什么实体零售业仍然一片死寂？

电商的"轻成本时代"到来了，为什么商品价格却依旧没有降低？

莫非"物美价廉"的传说只是一场幻梦？

叶国富说："商品本身很便宜，只是他们卖贵了。"

1. 一支睫毛膏的触动

叶国富的手机里，藏着一张舍不得删的照片。每每面对媒体和记者，总是免不了像露一手"压箱底儿"的绝活一般，要在最后将这张照片打开给大家一看究竟，可往往不待大家发言，抢先脱口而出的，则是他自动匹配了惊叹号的感慨："太便宜了！"

由于这张"珍贵"的照片我始终无缘得见，只得委托一位远在海外的朋友替我按照叶国富本人的描述,"伪造"了一张类似的以供"观瞻"。

这是一家美国的超市,化妆品区域琳琅满目的商品陈列得整整齐齐,而货架上的一支欧莱雅睫毛膏明码标价:7.97 Dollars 折合成人民币,也不过66元。

而在睫毛膏月销量超过3 000的天猫欧莱雅官方旗舰店内,一支相对便宜的睫毛膏标价150元。足足高出美国价位一倍有余。

事实上,早在2010年一份流传于网络的"十大暴利商品排行榜"也似乎从侧面印证了这一点。在这份榜单上位列第一的,就是我们此时讨论的焦点:化妆品。

据这份爆料称，但凡我们口中所谓的"高端"化妆品，其成本大多低得吓人，资生堂650元/50g的眼霜成本费用不足10元，SK-Ⅱ在国内售价560元（2016年已飙升为690元）的备受推崇的"神仙水"其生产成本仅为6.5元……

文章言之凿凿，郑重其事，即便已经成为6年前的"老皇历"，在今天看来却依旧骇人听闻。可是令人感到讶异的是，这篇虽无可考证却看起来很像是能掀起一阵轩然大波的文章，并没有在原本就风平浪静的化妆品市场上掀起一丝波澜。这篇文章在转载和传播的过程中趋于消亡，而读过的绝大多数消费者也不过将信将疑地一笑了之罢了。

从这个故事来看，消费者的态度倒是与叶国富的评价不谋而合："中国的消费太畸形，消费观念也畸形。在欧洲一个化妆品店，都是两欧元三欧元抢着买。在中国，我们卖10块钱，顾客却都不愿意、不相信！"

因此在中国，不要以为从"白菜"地里种出了"萝卜"就可以沾沾自喜，也不要以为人人都喜欢"物美价廉"。

恰恰相反，"物有所值"和"一分价钱一分货"的理念根深蒂固。于是，我们除了要面对"萝卜"是不是"萝卜"的棘手问题外，还需要作检讨式地向顾客"交代"价格低廉的原因，以"求"得顾客的信任。

在这个时候，叶国富想把因欧莱雅睫毛膏而产生的触动融入产品当中分享给国人，最庞大最顽固的障碍却出现了，那就是——消费者本身。

正所谓"冰冻三尺非一日之寒",想在一朝一夕之间就将数量庞大的顾客的思维方式攻陷显然不太可能。如果想从品牌和产品本身着手,就必须先弄明白:目前市场上的产品贵在哪?顾客为什么觉得它们好?

2. 一分价钱一分货是忽悠!

"人不识货钱识货",这句话是我老家一位年迈的长辈告诉我的;同时,她还告诉我另一句话:"不听老人言,吃亏在眼前。"

这番话说得言辞凿凿、煞有介事,毕竟是几十年来的生活经验,说者颇具"传承之心",而听者也难免会"信以为真"。

因此对于"贵"和"好"的问题,我情愿先讨论后者。因为正是这种思维方式的作祟,使得国内商品从线上到线下的价格竞相攀比、居高不下。

什么是"好"?

《说文解字》中说:"好,美也"。

好字,从女,从子,本义指女子貌美。

如果说"貌美"为好,那么出于"以貌取人"的天性使然,我们便也不难理解,为什么在许多人的认知里商品越"贵"越"好"了。

因为"贵",本身就是商品"外表"层面的包装手段之一。

而现在许多人对"贵"的信仰,几乎是一种思维定式:"好是因为贵。"

这种思维套路极类似："被性侵是因为穿得少"或"被人骗是因为愚蠢"。

如果究其这种观点的思想根源所在，就不得不提及一位优秀的美国心理学家——梅尔文·勒纳（Melvin Lerner）。他与他的同事仔细研究了美国 20 世纪五六十年代的社会现象，并在 70 年代末针对这些现象设计出了世界上第一个有关"公正世界"的实验，同时提出了一个在社会学和心理学中"臭名昭著"的理论——公正世界理论（Just-world Theory/Hypothesis）。

该理论提出了这样的概念："个体有这样一种需要，即相信他们生活在一个公正的世界里，在这样一个世界里，人们得其所应得。"

说得更简单些，就是我们自小便接受的教育："善有善报恶有恶报""一分耕耘一分收获""用功读书就能取得好成绩""付出就会有回报"等。

正是由于这种思维方式和个体需要使然，我们才愿意去相信：想获得"好的商品"，就需要我们"付出等量的贵的代价"。

因此，极类似"一分耕耘一分收获"的"一分价钱一分货"的理念便成为我们在购物时的座右铭。

因此，"贵"成为我们判断和拣选商品最"直观"、最"有效"、最"便捷"的手段之一，我们单纯通过价格判断品质，却并不考虑这究竟是客观事实，还是主观臆断在作祟。

因此，"贵"也成为商人们盈利的手段之一。

蒙牛集团创始人之一孙先红就曾说过这样一番话："什么是

高端产品？怎样成为高端产品？最重要的是看价格，你的价格贵，你就是高端产品。蒙牛特伦苏之所以这么成功，最关键的因素就是产品价格策略：它贵啊，也是中国最贵的牛奶。消费者就会认为最贵的牛奶一定是品质最好的牛奶，而品质最好的牛奶才最有营养、送人才最有面子。"

因此，把"贵"作为一种包装手段，不可谓不高明。

当然，"贵"除了作为企业家们任意操纵的"玩物"之外，在国内也同样有许多不得不说的隐痛。

这也就顺其自然地引出了时下商品价格昂贵的几个主要原因。

【1】品牌溢价

品牌溢价，绝对是最为重要的原因之一。

我们都已经知道了什么是品牌。

那么，什么是溢价？

大学一年级伊始，室友为了攒钱买一台笔记本电脑，做起了在校门口摆摊卖U盘的生意。

室友干得风生水起，小摊的生意也在每天下午下课后进展得如火如荼。

其中，一枚有塑料硬壳包装和兔子形软胶U盘套容量为32GB的U盘售价为60元，而另一款仿金士顿不锈钢同样为32GB的U盘由于没有任何包装售价只有32元。虽然兔子U盘总是被抢购一空，可事实上，这两款U盘的进货价一模一样，都是25元。

这就是溢价。

也就是一件商品的售价在正常市场环境下，高于同类商品市场均价的部分。

那么,品牌溢价是什么呢?

事实上,我的那位室友在除了出售以上两款没有品牌的 U 盘之外,还在以 59 元的价格出售一款进价同样为 25 元的金士顿 U 盘。比起外表与之更接近、售价 32 元的无品牌 U 盘,我们大概就不难理解所谓的"品牌溢价"了。

品牌溢价即品牌的附加值。一个品牌同样的产品能比竞争品牌的产品卖出更高价格,称为品牌的溢价能力。

而这个溢价能力,基本已经与产品本身的成本无关了。

对于一家企业来说,品牌的溢价能力是考核品牌盈利能力最为重要的指标之一。因此在品牌溢价方面人为操作、大做文章,对线上和线下而言都是一条心知肚明却止于言表的"潜规则"。

那么,一般品牌都会在哪些方面对其溢价能力进行操作呢?

这就涉及产品营销方面的内容。为了不过多地拖延时间和增加篇幅,又能让大家对该问题有所了解,我们不妨把它转换为三个实际而生活化的小问题交由大家思考。

其一:iPhone 价格普遍高于 iPad,仅仅是因为性能强吗?

其二:为什么不同珠宝品牌推出的同等重量金条价格相差无几,而同等重量的金饰价位却千差万别?

其三:你家里的轿车发动机盖是什么材质?

第一题答案:价格高在"刚需",而非性价比。换而言之,手机的随身性比平板电脑强得多。

第二题答案:凡能用客观数据衡量的,都很难具备溢价能力,而但凡对这件商品的判断容易受到主观因素影响，那么其价格便会千差万别。在金饰方面，顾客对设计和手工的评判大多受制于自身的喜好，因此市场上就会出现金价之外从"免设计手工费"到"设计手工费高于金价"的价格差。

第三题答案：消费者的思路简单而直白，他们在意产品的质量，而对"产品"的概念却仅仅停留在"成品"层面。诸如汽车发动机这类在一个产品中最重要的组成部件却往往为人忽略，这就成为品牌溢价产生的另一个原因。

那么，是不是置身于"潜规则"圈外的品牌和企业，就是没有盈利能力的企业呢？

显然不是的，"潜规则"只是普遍现象，不是必然结果。一个最好的例子，就是秉承着"no brand goods"、身体力行冲破品牌溢价怪圈的无印良品。若是要在国内也找出这样的一个例子，除了今天我们讨论的叶国富的名创优品外，还有雷军的小米。事实上，它们都很成功。当然，这是后话了。

【2】过度的后向收费

所谓后向收费，指的是零售企业对供应商的收费行为。事实上，对许多零售企业而言，后向收费已经成为其主要经济来源之一。

我们还是举那个"种萝卜"的例子。

零售企业开了一家规模不小的"萝卜摊"，每天人来人往，熙熙攘攘。作为"萝卜贩子"的供应商为了"背靠大树好乘凉"，于是提出将自己的"萝卜"放在零售商的"萝卜摊"上销售。

零售企业很大方:"你卖吧,给我交场地使用费和管理费就行。"

这也就是传说中高昂的"进门费"和"条码费"。

事实上,作为"萝卜摊主"的零售企业并不关心作为"萝卜贩子"的供应商提供给他的究竟是好萝卜还是坏萝卜、是水萝卜还是胡萝卜。

谁来买萝卜和萝卜价格的高低他都不考虑,毕竟"买萝卜的"只是偶尔光顾,而"卖萝卜的"才是对他这个"摊位"离不开也放不下的"金主"。

因此,在许多"萝卜摊主"的眼里只有一点,那就是:我今年能收多少"场地使用费"和"管理费"。

这种已经有些本末倒置的对"进门费"的一味追求,使"萝卜摊主"成为"旧社会的地主";而对"萝卜贩子"的"压榨",使后者不得不抬高售价以抵御随时可能侵袭而来的风险。但作为丝毫不关注"萝卜"是否物有所值的"萝卜摊主",往往疏于对"萝卜"品质和价格的监管,导致"进门费"和"萝卜价"竞相升高。

【3】难以简化的超长供应链

我们在探讨"线上"与"线下"的区别的时候,已经提及过供应链的问题,并且还举了一个蜜饯产品的例子加以说明。

难道实体零售行业供应链的繁重就那么神秘莫测不为人知吗?如果不是,为什么传统的实体零售企业就没有考虑过在这个问题上加以改进呢?

大家知道"去除中间环节"和"产地直采"的口号早就被"萝卜摊主"们喊了多年，但是由于行业和行业思维的陈旧，这些被喊惯了的"口号"多流于形式。毕竟后向收费收益不菲，若不能在前端将收入全面拉高一个档次，传统企业的"萝卜摊主"们就很难愿意不辞辛苦"勇敢"地出面解决这个问题。

即便偶尔有机会能和"萝卜农"直接签约，但出于对利益的追求、风险的规避以及传统的惯性思维模式的考虑，作为生产商的"萝卜农"们早就"自觉地"把自己的身份转换为"萝卜贩子"，从而将原本属于"萝卜贩子"的那部分利益也包含在内了。因此对价格的影响，依旧微乎其微。我们便更不要提，这原本的中间环节还可能存在着二级经销商、三级经销商、四级经销商……

没有优质的"土壤"，破旧立新就显得尤为困难。

【4】信息不对称

有这么一句话流传甚广："知道的赚不知道的钱，先知道的赚后知道的钱。"

这句话所体现的，就是非常典型的"信息不对称"。

信息不对称可能会导致高额利润，这一点想必我们都能认可。而当初电商的高速发展，从某种意义上来说，也得益于网络环境较之"线下"而言的公开透明。

但是我们不得不承认，无论"线上"还是"线下"，低买高卖的"倒爷"都屡见不鲜。甚至在如今互联网信息浩如烟海的环境下，在"线上"当"倒爷"恐怕要比"线下"更赚钱，非但能做到名副其实的"厚利多销"，而且制假贩假的风险和成本也要比"线下"低得多。

最简单也最为极端的例子发生在臭名昭著的"微商圈"：进货价 5 元的面膜通过千奇百怪的包装和煞费苦心的"P 图"最终卖到 300 元的现象层出不穷。

而诸如天猫和京东之流稍有收敛的电商平台，情况也不容乐观。

也难怪叶国富会对马云和刘强东提出质疑："现在的电商是否只有靠卖假货才能生存？！"

【5】税率和物流

税率作为一种非你我所能改变的客观事实，不是我们主要探讨的问题。

而国内的物流系统，常常为人诟病。

最让人哭笑不得也最为典型的一个例子就是：我曾通过电商平台，从一家门店开在北京的宠物用品商城购买了一包宠物用品，而在发货之后，我则通过互联网上的物流信息追踪平台亲眼见证了我的这个包裹由北京到江苏，再从昆山一路辗转送到天津，最后到我手中的经历。

事实上，这种动辄"周游半个中国"的物流系统在国内十分普遍。虽然在消费者看来，这样的事件多少让人感到费解和不快，但是对于物流系统的建设而言，各公司也有一肚子说不出也咽不下的苦水。

这种"舍近求远"的绕道派送，通常与一个完善的物流系统的中转路线安排有关，若是想安排得妥帖，作为企业首先要考虑的就是物流系统的运营成本。因此虽然不利于对友好用户体验的培养，但有的时候也并非像客户想象的那样：路途近就会节省资源。

事实上，烦琐的物流系统放在"地大物博"的中国，除了会给客户带去疑惑，也会给许多传统的实体零售业带去不少困扰。

要知道，全世界收费的公路共有 14 万余千米，而这其中的 10 万千米恰恰在中国，占全世界的 70%。

交通部规定，每 40 千米便要设立一处收费站。而部分地区的政府则规定，高等级公路每 20 千米甚至更短路程就可设置一处收费站。

收费站的密集发展挤压了原本作为公共设施存在的免费公路的空间，提高了商品的运输成本。

【6】价格歧视

曾经有这么一条消息在微博热门话题中红极一时："星巴克美式咖啡在中国比美国贵 75%。"

也正是从那时，越来越多的人开始意识到这个有点严肃的话题："价格歧视。"

事实上，这样国内外"双重标准""双重定价"的事件除了前文提过的"欧莱雅睫毛膏"与"星巴克美式咖啡"外，还有数不胜数的例子。

最著名的一个例子大约就是 2014 年耐克运动鞋因国内外双重标准的问题被罚款 487 万元。彼时这家美国运动品牌巨头正在国内将一款价格高达 1 299 元人民币的"高端"篮球鞋卖得热火朝天，而这双鞋最为值钱的"足跟和前掌双气垫"的卖点一来到中国就被"缩水"成了单气垫。

至于以便宜见长的无印良品，其商品在中国的价格也是日本的两倍。

我们没法不承认这与国内的物流和税费有一部分关系，但是客观存在的"价格歧视"也的确给一部分依旧对高价洋货趋之若鹜的中国人打上了"人傻钱多"的标签。

在经济学领域有这么一句话：成本是成本，价格是价格，两者没有任何关系。

而这句话若是放在今天国内的零售市场，含义则简单得有些讽刺。因为在这片土地上，售价已经成为一门"玄学"。

生活在这些有关"溢价"的潜规则里，我们还可以相信，充斥在我们衣食住行中的昂贵商品，真的是"物有所值"吗？

叶国富说："在如今的中国，一分价钱一分货一点道理也没有。中国现在的物价是一毛价钱一分货，甚至是一块价钱一分货，远远脱离了我们的收入水平。"

那么，什么才是真正的"一分价钱一分货"？

叶国富的回答言简意赅："优衣库，是标杆。"

3. 优衣库为什么是标杆："基本"理念的诞生

日本迅销（Fast Retailing）有限公司旗下品牌优衣库在日本有一个名字，说起来便带上了些颇具戏剧色彩的夸张修辞："不要钱的衣服。"

说一件商品不要钱,我们大概都可以理解,无非就是想说它有多么便宜。

那么,优衣库究竟是否能当得起这个称号呢?

一件羽绒服就足以说明问题。

优衣库一件基本款式的羽绒服在中国的售价为399元人民币,在日本的售价折合人民币大约是350元。

听上去也许并不怎么便宜?

可是不要忘了,日本的人均收入是中国人均收入的5倍左右。如果在羽绒服的价格上除去这个倍数,那么对日本顾客来说,一件羽绒服的价格,相当于我们眼中的70元人民币。

70元能买一件品牌羽绒服?

在国内,这是绝无仅有的。

叶国富说:"优衣库的衣服在日本人眼里想买就买、想扔就扔,没有任何压力,这就是优衣库的经营理念。很多有钱人,包括高端收入人士都在穿优衣库,如它的内衣内裤、秋裤、羽绒服。这,才是真正的一分价钱一分货。"

事实上,与无印良品创立之初在"逆势而生"背景下不得已的"顺势而为"有些类似,优衣库崛起于20世纪80年代末90年代初日本经济下滑时期。然而在这之外,我们也必须看到优衣库在诞生之初就具备的战略眼光和商业头脑。而这一切,多半都要归功于迅销公司主席兼首席执行官——数次坐上日本首富宝座的柳井正(Tadashi Yanai)。

03 · 商品本身很便宜，只是他们卖贵了

在 1998 年的时候，大多数企业家眼中似乎都有这样一条被我称为"极端定律"的不成文规则：要么做极致的"高端"，要么做极致的"大众"。

在这样的定律里，似乎"高不成低不就"的"四不像"是完全没有机会生存的。

那个时候的服装市场也不例外，严格遵循着这条奇特的"游戏规则"，于是市场上的服饰便被自然地分为了差异悬殊的两大类。

第一类是"超一流品牌"，品牌高端，口碑过硬，价格不菲；

第二类就是所谓的"杂牌"，品牌概念淡薄，质量低劣，价格低廉。

面对这样的情况，恰打算做一家服饰品牌的柳井正郑重道："我不做高端，我也不做低档。我就想做中间的部分，价格相对便宜、质量相对优质。"

然而一个"相对"，就意味着概念上的盲区："相对"便宜究竟是多便宜？"相对"优质究竟是多优质？

正是这个原因，许多曾抱着与柳井正同样想法的竞争对手失败了，而真正做到这一点的，只有优衣库，唯有优衣库。

我们也许可以尝试着从优衣库这根标杆的背后寻找一些清晰可辨的刻度，借以探寻优衣库成功的秘密：它，为什么就可以做到优质低价？

在我看来，优衣库最核心的秘密源于"基本"二字。

在探讨何谓"基本"之前，我们有必要了解另一个词——"快

时尚"。

"快时尚"即"快速时尚",这个词汇起源于20世纪中叶的欧洲。狭义地放在服装行业,十分容易理解,指的就是在服装市场上,对服装秀场设计的快速回馈和模仿,并且以较之高端秀场更为亲民低廉的价格出售,从而以量取胜。

对今天的服装市场来说,"快时尚"并不陌生,而一些知名的"快时尚"服装品牌,也成为服装界的中流砥柱,诸如:西班牙 Inditex 集团旗下的服装连锁品牌 Zara、瑞典的 H&M 和美国的 GAP。

事实上,也有不少评论家将优衣库划入"快时尚"的分类中。

从"走量"和"低价"的角度来看,优衣库似乎确实和"快时尚"品牌有些挨边。

但是当它从众多"快时尚"品牌中飞速脱颖而出之后,我们又发现,较之 Zara、H&M 或者 GAP,它的确是个"可怕"的"异端"。

因为它既不像绝大多数"快时尚"品牌一样疯狂地奔波在将大牌时尚 T 台上面的模特装原封不动扒下来的过程中,也没有受季节所限为了"更新换代"的产品种类而疲于奔命。

如果说"快时尚"品牌做的都是强调新潮和时髦的"改良时装",那么优衣库则把目标放到了强调"人人必备"、中规中矩的"基本款"。

那么,它究竟"基本"到了什么程度呢?

2016年春天的时候,我的一位朋友给我发来了一张她的自拍:外搭的针织衫柔软而垂坠,粉蓝色的衬衣裙漂亮而贴身。

我忍不住回复她:"衣服不错,哪买的?"

朋友发来的表情让人感到分外神秘:"外搭在优衣库的女装区,衬衣裙在优衣库的童装区,最大号的,简直太合身了。"

是的,由于她的"亲测有效",在此我便很负责任地感叹:优衣库基本款服装的"基本"程度,已经跨越了孩子与成人的界限;"通用"到但凡服装,就只有尺码的差距和区别。可以说,真正切合了"人人可穿""人人必备"的概念。

而柳井正在面对国际媒体的时候,也曾说过这样一番话:"比起直接向消费者提供时尚商品,向他们提供设计简单的基本日常服装需要更高水平的专业知识、经验和独特的设计师灵感,这并非容易的事情,这是我们正在做的事情。"

正是这种理念,让优衣库不断加速着对面料品质方面的投资,却不断减缓着服装款式的更新周期;

正是这种理念,让优衣库告别了产品迭代的速度战,而将这方面节省下来的资源全部用在了面料的研发和品质的提升上;

正是这种理念,让优衣库秉承着"中庸之道"的产品不受潮流的驱使和奴役,巧妙地回避了"过时"的风险,使产品拥有了更长的生命周期和更持久的盈利能力。这就从侧面缓解了一般的"快时尚"品牌中广泛存在的产品积压问题,从而间接降低了成本。

什么是基本?

基本,就是"百搭"和"大众",人人适用,人人必备,循环上架,薄利多销。

什么是基本？

基本，就是回归产品品质，像无印良品一样撕掉"包装"和"噱头"的昂贵假面。

什么是基本？

基本，是取舍的结果。

因为一件被定位为"低价"的产品永远无法设定一个明确的底线，一件被定位为"优质"的产品也无法设定一个明确的上线。

因此优衣库的"基本"价位被设定在了一个"大多数消费者都能毫不犹豫入手"的价格带上下，而它的"基本"品质则被限定在"维持至少一季度频繁穿着"的耐用度之上。

这是一种微妙的权衡和一场关乎一个品牌未来的"跷跷板"游戏。

柳井正的优衣库已经赢得了这场游戏，可对于一直将优衣库看作标杆、在名创优品创立之初的叶国富而言，一场鏖战，才刚刚开始。

幸而，在前人走过的路上，有优衣库这个优秀的示范。

4. 优衣库为什么是标杆："三高三低"的平衡游戏

说到"高"和"低"，难免会让人想到几句无关紧要的题外话。

第一句是：人往高处走，水往低处流。

第二句是：欲穷千里目，更上一层楼。

这样看来，"高"是好的。

但是，高是危险的，因为还有这样一句话，叫作：高处不胜寒。

可是，低也并非安全，因为还有这么一番话，称为：龙游浅水遭虾戏，虎落平阳被犬欺。

对看上去站在对立面上的"高"和"低"的权衡，自古以来就是一道刁钻的难题。而若将这道难题放在商场上，就被叶国富具象称为了"三高""三低"，即：高科技、高效率、高品质，低成本、低毛利、低价格。

这是有关"高质低价"的进一步探讨和升华，却比之前被我们常常挂在嘴边的"高质低价"又困难得多了。因为除了高品质和低价格的悖论以外，"低成本"买来"高科技"本身就像是天方夜谭，同时"低毛利"意味着"高效率"很可能会成为赔钱费力不讨好的"一场白干"。

这样听起来，要做到"三高三低"似乎就是死路一条。

可优衣库却将这种几乎无任何翻身余地的传统观念彻底颠覆，以逆向思维对这"三高三低"进行了全新的解读：

"高科技"是带来"低成本"的关键；

"高效率"是敢于尝试"低毛利"的底气。

而这样的阐释则带来了"优质"与"低价"的结果。

于是，优衣库将"高科技"与"高效率"作为了开启成功大门的钥匙；

于是有了这把钥匙，"高"和"低"就不再是针锋相对的两个方面，只要"高"得得当、"低"得适宜，"悖论"便成为"理论"。

那么，什么是高科技？什么是高效率？

【高科技】

华为创始人任正非曾发表过这样一番言论：

"再也不可以忽悠中国消费者了。说什么物美价廉，说什么让消费者享受低价，这些东西都是靠不住的！提升产品品质，需要巨大的投入和决心，需要几十年的厚积薄发。你一味低价，就没有好产品。而消费者的根本需求是好产品，是高品质的产品！"

这一点几乎代表了所有消费者对"低价"的顾虑。

诚然，要想做出高品质的产品，就不可避免地要投入更多有形的材料成本和无形的人力成本。无论我们如何通过其他途径压缩成本，在这一方面的大量支出都无可避免。

但是任正非的理论也并不绝对，最直观的例子就是2016年3月推出的以"优质低价"为策略、号称苹果史上上市价格最低的高配置iPhone产品——iPhoneSE。

那么，隐藏在iPhoneSE"高性价比"背后的秘密是什么呢？

我另一位号称"拆机狂魔"的"果粉"小伙伴在仔细拆解了iPhoneSE之后，很快便得出了结论："iPhone6的芯片，iPhone 6s的处理器以及前一代的显示器技术。"

现成的独有技术和丰富的产品经验成了化解"物美"与"价廉"二者间不可调和之矛盾的关键。

这倒是恰应了邓小平在马克思主义基本原理的基础上提出的论断："科学技术是第一生产力。"

放在服装行业，这就体现为：材料是否具有革命性，产品研发的背后是否有强大的技术支撑。

事实上，这也与优衣库的做法相互印证。

我们在前文提到过：优衣库持续不断加大着在面料方面的投资。

我们没有提到过的则是：优衣库在服装的面料研发方面不断创造着奇迹，相继打造出了包括"摇粒绒""HeatTech""轻羽绒""AIRism"等多个技术商业化的爆款。

这些爆款神话让优衣库成了时尚领域的"技术宅"，而技术也给优衣库带来了超乎想象的客户和收益。

这些神话里最值得一说的，非优衣库与"摇粒绒"的邂逅莫属。

"摇粒绒"，听上去温暖又可爱。

然而这个词汇以及这种面料正式进入众人视野，并非全部都要归功于优衣库。

确切地说，它诞生于1981年，其创造者是一家始建于1906年、名为 Malden Mills 的美国著名纺织公司。而从那个时候起，摇粒绒就拥有了一个时髦的美国名字：Polartec。

它的出现，改变了整个世界寒冷的冬天，并且成了迄今为止户外市场上最受欢迎的抓绒产品。

那么，它究竟好在哪呢？

简而言之有四点：

其一，轻薄且不怕受潮；

其二，保暖性能好；

其三，部分可由回收的塑料瓶制成，碳排放低，经济环保；

其四，成本低。

看起来，这似乎是种"一好百好"的材料，既暖和又便宜，完美地切合了消费者对"物美价廉"的追求。如果世界各地的服装品牌都来抢夺这块名为"摇粒绒"的蛋糕，优衣库又怎么能凭借这种面料"出奇制胜"呢？

这，便是我要在摇粒绒的优点之外加上的"但是"了。

但是！

摇粒绒这种纺织面料在当时被美国垄断，进口成本很高。因此，低成本的它从此以后却只能出现在高端服装品牌的专柜里，而与广大人民群众无缘了。

在这种情况下，看准了这块万分适宜"物美价廉"生根发芽沃土的优衣库说："不分我蛋糕，我就自己烤！"

于是优衣库开始了艰苦的"重复造轮子"的研发过程，结果是：优衣库非但将摇粒绒研发成功，打破了美国垄断的局面，并且还通过技术手段降低了本就不高的成本，在日本上市销售的价格为2 900日元（约等于人民币187元）。

于是在1998年，被"摊派"了600万件销售任务的摇粒绒销量突破了850万件。

于是在1999年，优衣库将原有的款式开发出15种颜色，同时将价格下调至1 900日元（约等于人民币123元；同年，我在初中任职的婆婆月收入有800元）。而在这一年，原计划销售1 200万件的摇粒绒产品竟然创造了2 600万件的年销售奇迹。

你以为故事到这里就结束了吗？

并没有。

1999年后，摇粒绒的巨大成功迎来了优衣库的巨大危机，同质化产品的出现和摇粒绒材质的过分推崇使它成了"老套"和"俗气"的代名词。当我们满怀欣喜不乏自恋大摇大摆地走在大街上，正想通过停靠在路边的玻璃窗照照穿着摇粒绒外套、"光鲜亮丽"的自己时，却一不留神就发现，车里的人竟和我们穿了同款，再看看对面的马路，目之所及，皆是同款……

很不幸，可爱的摇粒绒过时了。

但是！

优衣库以身实践，证明了"技术宅统治世界"的"真理"。

于是，2005年柳井正正式复出之后，立刻聘请了日本广告界与设计界的风云人物——佐藤可士和作为公司的艺术总监，重新设计了公司的Logo和店面，通过一系列广告宣传的手段逐渐在年轻人当中重新树立起年轻化的品牌形象。

与此同时，优衣库着手对曾创造了神话的摇粒绒进行一次又一次的改革和创新。在研发的过程中，优衣库尝试采用不同的摇粒绒面料织法，使得其产品在触感和质地方面有了更多选择。例如：

全新改版的摇粒绒可以仿纯羊毛。

可以仿皮草。

可以仿羊毛衫。

·03· 商品本身很便宜，只是他们卖贵了·

那么，现在的优衣库摇粒绒产品售价多少钱呢？

目前，一件基本款的女式摇粒绒印花翻领长袖T恤，在优衣库的官网只售 59 元。

它品质高端，成本低廉。在它"身上"，我们看到了一个高科技成就品牌的非常好的例子。

但是！

有关高科技的话题，还不仅止于此。

如果我们仅仅把目光凝聚于产品研发这一点上，那我们就太小瞧"技术宅"的威力了。

因为要做到商品的高效流转，只有蛮力没有技术是无法实现的。而这里的"技术"也不仅限于对后台软件系统和互联网平台的技术要求，还包含了对供应链运作方面的技术要求。

其中最值得一提的，便是对供应链需求信息流的传送和回馈起到至关重要作用的"大数据监测技术"建设。

一个非常简单的例子，一件摇粒绒长袖 T 恤在夏天售价 59 元，而可能会在秋天售价 69 元，也可能会在冬天售价 49 元……

这看上去毫无逻辑性可言，然而却绝不是规则制定者的一时兴起。

事实上，在优衣库后台庞大的数据库里，住着一位虚拟的"销售顾问"，对销售数据进行实时分析和监控，同时协助管理人员不断调整生产量和营销方案。

就目前来看，优衣库已在全球超过 16 个国家和地区开设了门店，虽然不同国家的潮流导向和服装定价千差万别，但在这背后无一例外都依靠着优衣库的"高科技"数据分析来做支撑。

从这个角度来说，"高科技"也实现了"高效率"；

从这个方面来说，优衣库是一家名副其实的"技术公司"。

【高效率】

有人说：优衣库是"高效"的代名词。

那么，优衣库到底有多"高效"？

一份数据表明：从面料的研发和供应、产品的设计和生产、销售的管理和实践，这一套循环体系中的产品周期，优衣库仅用18周就足以完成，这是中国本土的快时尚企业远远达不到的超高效率。

而这种"高效率"，依托于优衣库从产品设计和生产到最后的销售环节全部由自己掌控的供应链体系。

这样，优衣库便避免了诸如国内传统企业中"萝卜农""萝卜贩子"与"萝卜摊主"之间"相爱相杀"的"悲惨命运"，从而独自坐拥天下、掌控全局。

如此一来，"至高无上"的权利和跳出圈子的游戏规则就对一家企业在供应链的管理方面提出了更高的要求。

具体来说，优衣库的高效率主要体现在这样三个方面：工厂生产高效率、库存控制高效率和员工管理高效率。

① 工厂生产高效率。

我们都知道有一种便利店叫24小时便利店，例如7-11便利店；我们都知道有一种快餐店叫24小时快餐店，例如麦当劳快餐店；我们可能知道也可能不知道还有一种工厂叫24小时工厂，如优衣库的合作工厂。

寂静无人的凌晨3点，空气里氤氲着初夏深夜的睡意和凉意，而在与优衣库合作、位于浙江省宁波市的一家高机能内衣主力工厂内,则是另外一番"热闹"的景象:忙碌工作的针织机正拉起线轴上的棉线,质感平滑的布料如月光倾泻而成……

在这间工厂几乎看不到人影的一楼设置了100多台针织机,24小时不间断地保持运作。

而在需要人员操作的环节,为了降低产品工艺的不合格率,避免因重复返工或业务不熟练而导致的工期拖延和不必要的资源浪费,优衣库将通过诸多途径招募来的那些曾供职于日本大型服装企业且有着丰富经验的技术工人派往世界各地的各个工厂。

这些"老师傅"们对效率的提升可谓功不可没,非但确保了工厂生产不会延后,同时也起到了高效的反馈作用。而优衣库也可以通过他们,获得工厂的生产现状以及新的改善意见。

"优衣库"构建起了以"合作工厂"和"技术工人"为先导的成功模式,并且仍然在持续不断地努力扩大着工艺自动化的覆盖面积。

② 库存控制高效率。

对于服装行业来说,爆款商品的库存不足和冷门产品的库存过多,是一个十分常见却非常棘手的问题。

而优衣库通过对SPA(Specialty store retailer of Private label Apparel)模式的运用,在库存控制方面找到了相对意义上的"最优解"。

SPA模式,即自有品牌服装专业商店零售模式,完全集成从材料采购到面向顾客最终销售的供应链管理模式。

而这种模式里的核心之一就是：根据客户反馈进行产品开发。

对优衣库而言，能获取及时有效的客户反馈，前文所述"大数据监测技术"的"高科技"可谓功不可没。

优衣库通过数据库精确了解各大门店的销售情况并预测消费者需要，再根据其精确的数据报告决定从各个款式的服装到同一款式不同颜色的服装的补货量。

这样一来，库存积压的风险便被一再降低，可却依旧免不了偶现马失前蹄的状况。

这些时候，那些长期销售状况不佳、消费者反应冷淡的商品，则会被"大数据监测技术"准确地"揪"出来，进而采取现有的"变更售价"策略将价签重新修改，且不会再调回原价，借以及时清理积压库存。

那么，这些"评价"和"调整"是以"季度"为周期还是以"年"为单位来展开的呢？

答案是：以周为单位。

决定一款产品生产追加或减少的评估，以周为单位循环往复、实时调整。这就保证了爆款产品补货的及时性，降低了冷门产品库存积压的风险性。

③员工管理高效率。

我曾通过一位曾经从事服装销售的朋友结识了一位在天津一家优衣库工作半年有余的员工，善解人意的她向我分享了自己在优衣库的工作经验，冗长的故事复述起来并非易事，但是结尾一句得于她口的评论让我记忆犹新:"优衣库,就是一家快速时尚品牌销售人才的制造工厂。"

这么说的原因,归结起来主要有两点。

其一,分工明确,何时何地何人做何事都有表格清单,完成后签名确认;

其二,高压高效,所有事务均有时限要求,对高效习惯的培养水到渠成。

除了对店员实施"高压政策"外,对于店长也有一套可实现"高效率"的适用规则。

因此,优衣库门店的策略调整之快,也是业界少有的。

除了有强大的数据分析技术作为"神助攻"外,优衣库的门店店长也拥有相当广泛的权利,他们往往可以根据门店所处位置的不同,因地制宜地自行调整订货量、货品陈列和店铺的运营方式。

同样以库存控制为例,如果某家门店发现某件产品滞销,那么店长便可以向总部提出价格变动的申请,通常情况下总部会在12小时内给出反馈,次日门店就能以变更后的价格进行销售。这便解决了单纯由技术手段管控带来的模式僵化、缺乏变通、决策延时的弊端,也是许多经常光顾优衣库的消费者都感到对优衣库的降价活动时间拿捏不准的原因。

在优衣库,店长配合店员,形成了一套"高效决策"与"高效反馈"互相作用的高效系统。

工厂生产高效率、库存控制高效率、员工管理高效率,这三大"高效率"的环节恰占据了一个起始于产品研发商、终结于用户完整供应链的重要关口,从而降低了经营风险、控制了研发成本。

从这个角度来说,我们通过优衣库三大环节的"高效率",也可管中窥豹对其经营管理模式中在供应链管理方面的"高效率"有一个初步认知。

我不想让优衣库的故事看上去太过简单,但也不愿意表述得太过复杂。

本着"一码归一码"的原则,关于优衣库在售价上的"模范"地位我们先告一段落,但我们不会放弃对它的探讨。因为作为被叶国富重复最多的知名品牌,可当之无愧称为日本零售业代表之一的优衣库,还有更多值得我们学习和借鉴的地方。

对叶国富而言,同样如是。

5. "我",这样借鉴

有关"三高"和"三低"的探讨,并非优衣库的负责人柳井正提出的理念。恰恰相反,它的"始作俑者"是一向对优衣库十分推崇并深入研究的"借鉴者"——叶国富。

比起更擅长做单纯的经验分享及感情交流的"老外"来说,中国人更善于总结。他们的总结更"抽象",更理论化,但有时候看上去似乎又不那么"走心"。

总结前人之所得,却缺乏自身实践,无异于纸上谈兵。对第一次提出"三高三低"探讨的叶国富来说,他的总结绝不仅限于理论概括式的陈述,而是已然在实践的淬炼中得到了升华的成果。

叶国富这个当初的"借鉴者",早已变成了今天的"过来人"。

对于作为"三高三低"核心的"高效率"和"高科技",叶国富做了如下解读。

【高科技】

也许你会问:"名创优品作为一家出售时尚日用百货的品牌,与高科技有什么关系?"

诚然,日用百货"杂"的产品性质导致了名创优品不太适宜过分追求对某一类特定材料的研发,因此它也并没有设立类似优衣库"面料研发组"那样基于原材料底层的"科技研发"部门。但是,叶国富丝毫没放松在产品开发方面对"高""精""专"的追求。

名创优品的策略是:把产品设计攥在手心,继而把专业的事交给专业的团队去做。

最著名的例子就是名创优品旗下的香水产品,在做好初步的定位和规划后,名创优品并没有急于选择与香水产品生产厂商或批发厂商的合作,而是率先找到了在世界香精香料行业中遥遥领先的瑞士奇华顿公司作为战略伙伴。这位"嗅觉世界"里的"技术大牛",长久以来一直与一线知名香水 Dior、Chanel 保持着密切合作。

叶国富知道,对于一款香水而言,香精就是技术核心力。

事实上,奇华顿作为一家享有盛誉的跨国集团也并未让名创优品失望。在其香料研究中心顶级调香师 Carine Boin 的努力下,以百花香味作为基调、名为"花漾系列"的香水横空出世了,并且在全球范围内备受好评,甚至各大商场门店都出现了供不应求的局面。

当然,叶国富对这种"技术核心力"的追求,绝不仅限于对香水产品的"精雕细琢"上。确切来说,叶国富对供应商的挑选可谓严苛至极,除了必须是国际一流品牌的合作伙伴外,还有这样一个要求:"你们跟我合作一定要有敬畏之心,虽然利润低,却绝不能偷工减料。"

这与始创于清康熙八年的著名御药老字号同仁堂所提出的理念如出一辙:"炮制虽繁,必不敢减人工;品位虽贵,必不敢减物力。"

叶国富则在这个基础上又适时地补上一句:"修合无人见,存心有天知。"

产品的"独创性"和"高品质"是名创优品技术底气和人文情怀的体现。然而相较于优衣库对材料研发十数年如一日的"精"和"钻",作为"新兴品牌"的名创优品还有很长的路要走。

可是,在名创模式运作中另一个凸显"高科技"的环节,显然就要比自身在研发技术上的投入更胜一筹了。

那便是——强大的数据库系统的支持。

我曾花费了很长的一段时间走访天津的名创优品店铺,试图通过与"名创顾客""名创店员"与"名创店主"的沟通对"名创模式"进行一场更深刻的"灵魂对话"。

在这个不算省力的过程中,有个十分贴心的朋友认为我的工作太过辛苦,于是跑来为我"出谋划策":"既然已经浪费了这么多时间,不如你的调查做得更详尽、更庞大,之后再将分析报告卖给市场调研公司,而名创优品会出钱收购这些数据,这样你就不会白白辛苦了。"

听到这样的建议,我只是一笑了之。

理想固然美妙,殊不知这种聘请专业市场调研公司通过抽样调查来掌握客户动向的方法,大概已经被遗留在了工业 2.0 或工业 3.0 的时代。而名创优品的做法,已经十分先进。

确切来说,名创优品利用互联网科技,为自己开创了一个全新的"大数据"时代。

事实上,这个关于"大数据"时代的伏笔,早已被埋在了十年前的 2006 年。

彼时"哎呀呀"项目正开展得如火如荼,而在门店尚未扩张全国之际,颇有先见之明的叶国富就已经着手于对品牌特有的 IT 系统的打造。

"哎呀呀"时期的"未雨绸缪"让名创优品"占尽先机",于是从呱呱坠地就几乎已经拥有了一个成熟的数据平台。它能够实时控制供应链链条的各个环节点,例如,产品何时下单、何时返单、下单数量如何、如何分配、某件特定单品属于滞销还是畅销。

如果我们已经仔细读过关于优衣库"高科技"的建设,就会发现,名创优品与优衣库对其自身数据平台的建设如出一辙。

而对于在技术层面比号称"技术公司"的优衣库略逊一筹的

名创优品来说，也有属于自己的独创手段。

在获得客户数据、销售数据、供应链数据、物流数据和社交媒体数据等海量的原始数据之后，名创优品则会以合作的形式委托国际知名的大数据挖掘处理团队，结合自身业态对数据进行深层挖掘，最后则以挖掘成果来优化订单处理、产品设计与制造、原料处理和终端零售等业务环节。正可谓凭借"高科技"实现了"环节的最优解"，达成了"高效率"的商品流转，并借此不断挑战着产品价格和研发成本的极限。

【高效率】

有人曾说过这样一句话：百货零售行业的成功与否，其中一个很重要的因素便是供应链的运作效率与水平是否达标、是否能更有效地控制成本并使整体运作达到最优。

那么关于这个"最优"的重要问题，名创优品是怎样解答的呢？

究其"内功心法"，倒是也可以凑成六句"三字经"：严出手、宽采购、大仓库、强物流、一对多、多对一。

① 严出手。

极类似优衣库的"基础"理念，名创优品对于商品的选择紧扣"刚需"二字。

名创优品说：不是快销品，慎售！

名创优品说：不是必需品，慎售！

名创优品说：不是优质品，慎售！

叶国富说：对，我们就是要做那种类似小米的"少款精品"

模式！

基于这样严苛的标准和基础化的理念,名创优品的产品深究起来也并没有我们想象中的丰富,常年销售的仅有两三千个品类。这其中,睫毛膏不超过三款,香水不超过七款,每七天更新一次产品。快速的迭代以及"快销"和"必需"的商品特性,从根源上为货品的高速流通提供了良好的基础,使库存积压问题也得以缓解。

② 宽采购。

这里说的"宽采购",放在日本实体零售业就是我们前文提过的"大量"战略。

在"大量"战略的基础之上,名创优品还采用了国际知名大型零售商所推崇的"买断制",让供应商无须担心货品的售卖问题,从根本上简化了企业的经营管理,减少了许多不必要的中间环节,大幅度降低了流通成本,实现了总量的持续增长。

买断制的推行对控制成本、提升品牌价值起着至关重要的作用,在快时尚领域被广泛运用。与此同时,名创优品还在这个基础上开创性地将账期缩短到了一个月。

③ 大仓库。

名创优品在全国设立的"七大仓"常常为人所津津乐道。

中国华南、华东、华中、华北、西北、西南和东北七大"超级仓"的建设花费了数十亿元的投资。

仓储环境的贯通使得名创优品不必再在产品由"受孕"到"顺产"的过程中假他人之手,从而告别了传统实体零售业受制于物流与仓储的现状,实现了真正意义上的自给自足和自力更生。

也正因如此，名创优品的每一件产品都不会经过任何分销层级。这不仅在价格上能够控制，更缩短了物流的耗时。

④ 强物流。

有别于绝大多数实体零售店，名创优品的门店不设仓库，所有的货品都整整齐齐地陈列在货架上，每天通过名创优品在全国的 7 个物流中心实现当天配送。

有了七大仓和强大的物流网络的支持，名创优品的商品流转时间远远超越了一般百货零售店所需的 3~4 个月，可以不费吹灰之力实现 21 天全店货物流转一遍的"奇迹"。

这样做，一方面可以使名创优品紧随潮流绝不落伍，让顾客在面对新鲜商品的同时保持其珍贵的新鲜感；另一方面，也可以让供应商直面市场反馈。

完善的物流体系在降低产品成本之余，也使名创优品成为"高效"的代名词。

⑤ 一对多。

有名创优品强大且完善的 IT 系统作为支撑，一位数据员同时观测 30~50 家门店的数据变化就变得轻而易举，大大节省了人力成本，抓住了最佳销售周期的秘密，同时也保证了在最短的时间内根据门店销售情况完成配补货工作的简单易行。

⑥ 多对一。

以名创优品在中国的门店为例，店铺面积和销售额各有不同，地理位置也天差地别：或开在知名商圈，或开在地铁周边，或开在商业区和社区，或开在学校周边。

不同的店面商品配比各有不同，然而全部都是通过同一套数据系统根据数据分析得到的结果进行调整。

因此，"因地制宜"式的经营策略和"行为规范"式的统一调配，成为名创模式高效率的重要原因之一。

另外，"三字经"式的口诀成了一个完整供应链系统中的点睛之笔。

"高科技"与"高效率"的结合看上去天衣无缝，"低毛利"和全球畅销的梦想也似乎志在必得。

然而世事无绝对，一切皆有可能，在"三高三低"的抉择里，同样存在着不可忽视的隐患和危机。

"冒险"的前提，一定应该是"权衡"。

6. "我"的忐忑：抢占先机还是陷入泥潭？

叶国富曾经说过这样一番话："不要模仿名创优品，你来模仿我，不但学不会，还会陷入泥潭。"

事实也的确如此。

名创优品火了，市面上的"某某优品"也变多了。再后来，"某某优品"又被"扩展"为"某某某品"。

跟风大潮一浪高过一浪，一家家已经从电商火热浪潮中死去的实体店似乎一夕之间都活了过来，一个个红底白字的 logo 出现在全国各地的大街小巷，一件件商品在包装和陈列方面模仿得惟妙惟肖。

韩都优品、尚优凡品、生活无忧、木槿生活、千韩良品、优宿优品……数不胜数。

叶国富对这个"优"那个"品"的"奉劝"曾招来不少人的不满，理由是："许你借鉴，就不许我参考？"

听了这种话，连我这个"局外人"都深感无奈。

有人曾把名创优品比作看上去"漂浮"在不见边际的海平面上的一座冰山。冰山不大不小、不高不矮，一眼望去风光尽收眼底。

于是有好事者说："不如我也来造一座。"

于是说干就干，照猫画虎依葫芦画瓢，也能造得八九不离十，看上去甚至比起"本尊"还有过之而不及。

于是好事者自以为水到渠成旗开得胜，正欲大肆庆祝之际，一阵飓风来袭，刚刚建好的宏伟冰山便轰然倒塌，成为海平面上星星点点的散碎浮冰。而那座名为"名创优品"的冰山却处变不惊，屹立不倒。

于是好事者方知，在那海平面以下，隐藏着"名创优品"深不可测的根基。而这根基，才是名创模式真正的灵魂所在。

因此，叶国富的劝诫并不是为了讽刺哪个"优"哪个"品"邯郸学步东施效颦。

恰恰相反，他是以一个过来人的角度审视这个问题，并且提出了中肯的建议。毕竟，学习优衣库，叶国富险中求胜；可在他所走过的路上，遍布着失败者的足迹。

例如，凡客诚品。

在对优衣库模式的借鉴中，凡客诚品既没有学会优衣库那种发源于日本本土的精细化管理模式，对柳井正提出的所谓"基本"的概念又理解得甚是肤浅，也没有将企业"包装"成"技术公司"的硬实力。

纵然三番五次语出狂妄称自己要与优衣库叫板，然而面对从当初12 000人规模的企业裁至如今300人的现状，我们也只能说一句："理想很丰满，现实很骨感。"

有了这个前车之鉴，叶国富不得不更加谨慎。他开始意识到每一个品牌和企业的成长都得益于其发源地和主战场得天独厚的社会环境，他已经对日本实体零售业做过一次减法，也更清楚在中国的土地上要实现"低售价"的改革有多么困难。既然如此，他便绝不允许自己在这里陷入"生搬照抄"的泥潭。

对优衣库来说，它的"三高三低"大抵靠的是长久以来的"自然发酵"和不断调整战略后的"水到渠成"。

对名创优品来说，它作为一个后起之秀，缺乏长而久远的积累和沉淀，无论从技术还是资源的角度来讲，短期内谈超越都会难上加难。

名创优品没有诸如"摇粒绒"一般的技术产品，也不具备前文所提到过的日本本土百元店的先天优势；它玩不起优衣库所谓"优质低价"的硬核游戏，可也迫切地想要"入局"，在国内市场抢占先机。所以，它决定冒一个险。

那便是——降低毛利。

低毛利，这是我们在讲"三高三低时"一笔带过、未加以深究的元素之一。

之所以不加以深究，是因为对于一个已经做到了"高科技"和"高效率"的品牌来说，"低毛利"策略早已经拥有了足够的底气。

比如，对把"摇粒绒"产品做到了极致的优衣库而言，"买摇粒绒就上优衣库"的观念在数量庞大的一群消费者脑中根深蒂固。技术带来的"无可取代性"使得"薄利多销"成为一种甚为完美的可能性，而供应链的高速流转带也让优衣库的生态圈内生机勃勃充满活力。

众所周知，"大量"是"低毛利"赖以生存的土壤，没有"量"则一切都成了空谈。

而基于对"量"的考量，优衣库的"低毛利"也仅仅是"相对"而言的"低毛利"。它以"量"为参考条件和前提，经常对各个门店的定价策略进行变更的行为恰好说明了这个问题。

因此，优衣库的"低毛利"是自然的、顺势而为的、符合规律的、水到渠成的。

因此，优衣库的压力就比名创优品的压力要小得多。

对为了弥补先天缺陷、创造低价优势、与线上线下的零售品牌一争长短的名创优品来说，在"低毛利"上可谓担足了风险、费尽了苦心，甚至还有些"揠苗助长"企图"一口吃成胖子"的意味。

那么，名创优品究竟把毛利压得多低？

答案是：8%。

许多人对8%的毛利未免缺乏理解和认知，我们不妨再把前文曾大费篇幅讲述的日本百元店拿来比较。

一家普通的日本百元店毛利有多少？

非但不低，还高得很。

能把一家百元店的毛利做到40%，可以说是日本业内公开的秘密。而这其中的"门道"，也十分简单。因为在百元店内陈列的商品既有成本为90日元的"高性价比"商品，也有成本为三四十日元的"低性价比"商品。不论高毛利还是低毛利，看上去外表可爱引人购买才是一款商品策划的基本原则。因此只要能勾起消费者的消费冲动，保持40%的平均毛利就不是难事。

这种策略不可谓不高明，可对于"刻意为之""急于求成"的名创优品来说，"自断双臂"而放弃这种定价模式，就意味着它在拥有了与日本百元店同等竞争力的同时，也将自己逼上了一座"独木桥"，走过去就是"广阔天地"，掉下去就是"万丈深渊"。

对此，诸多企业家们纷纷摇头，异口同声表示："看不懂。"

甚至曾有前往湖北十堰参观叶国富的一家名创优品门店的老板曾语重心长地说了这么一番话："小叶同志啊，别说你的毛利是8%，就算是100%，你的利润也就10元啊！8%的毛利，你能赚多少钱？你怎么做？"

几经思考，叶国富给出的回答是："低利润不能搞研发吗？一点也不矛盾。"

虽然对于"高利润"的追捧是生意场上"永恒"的主旋律，可是关于"低毛利"的传说在各个领域却从来没有断绝过，非常典型的例子就是以营业额计算为全球最大的公司——沃尔玛（Wal-Mart Stores）以及美国最大的连锁会员制仓储量贩店——好市多（Costco）。

前者的毛利率约为22%，而后者的毛利率仅有7%～14%。

由于国情和地理位置的不同，我们将这二者通过"少有人走的路"走出了康庄大道的故事暂且按下不表。在这里，我更愿意提起另一家之于我们更"接地气"一些的企业：小米。

有别于前两者的"低毛利"，从小米那里，我第一次听到了这样一个词——"零毛利"。

没错，小米在创始初期，是接近于"零毛利"的。它如同优衣库或后来的名创优品一样，选择依靠大规模的生产和高效率的运作控制成本。

为了在价格稳定、持续具备竞争力的前提条件下创造营收，小米唯一的出路便只能像一部上紧了发条的机器拼命奔跑，而指着终点的路标上只写了两个字："高效"。

那么，小米在"高效"方面的努力成果如何呢？

雷军在2014年的一次演讲中提到："我们的关键在于，把小米的整体运作成本控制在5%以内。前年是4.1%，去年是4.3%，不谦虚地讲，我们是全球运作效率最高的公司。"

紧接着，他一言点出了"低毛利"模式的精髓："只有低毛利，才能逼着你提高运作效率。而小米要接近成本来定价，高效率就是王道；没有高效率，这个公司会赔得一塌糊涂。"

这就是小米在"低毛利"模式下的生存策略，同时也是叶国富和他的名创优品所走过的路。

这就是优衣库与名创优品的不同之处,前者利用"高效率"成就了"低毛利",后者则在"低毛利"的催逼下一次又一次实现着对"高效率"的挑战。

这就是名创优品后发制人的巨大动力和爆发力所在,也应了叶国富本人所说的那句话:"这个游戏逼得你一定要做大、做强。"

这个游戏是危险的,急于求成的,却并非不可行的。

所以名创优品是幸运的,成功的,却难以被复制的。

叶国富有着属于自己的胆识和野心,它们隐藏在"海平面"以下不为人知。只有叶国富自己才清楚,他来时的路,是多么的清晰笃定,又是怎样的荆棘丛生。

7. 竞争是摆平一切的最好武器

名创优品争议很多,这一点毋庸置疑。

争议来源于顾客,因为他们对"低价"满心疑虑或不屑一顾;

争议来源于效仿者,因为他们对"低价"策略纷纷借鉴却鲜有成功;

争议更来源于"线上"与"线下"的竞争对手,因为叶国富的"低价"抢了他们的饭碗。

在2015年甚至有人放出"风声":"我要拿3 000万元,买你叶国富的命!"

当然，这不是武侠小说，没有喝不尽的杯中酒，也没有杀不完的仇人头。别人口中的叶国富的"命"，说的其实是名创优品的"口碑命脉"。

于是，这3 000万元被贡献给了10家电视媒体、100家平面媒体和1 000家自媒体，引导其在公众视野中对名创优品进行抹黑和恶意造谣。而名创优品位于全国各地的门店中，也潜伏着隐藏在顾客流里的"间谍"，苦苦寻找着一个突破口，借此揪住名创优品的"小尾巴"。

看上去"腹背受敌"的叶国富对此既不解释，也不回应。他只说了一句话，这句话并没有平息流于表面的狂风恶浪，反而让独具慧眼者心下一片澄明。

他说："竞争，可以摆平一切。"

竞争靠的是竞争力，我们都知道名创优品具备竞争力，我们也都知道名创优品的核心竞争力就是叶国富所提出的"三高三低"。

对于明智的顾客来说，"低价优质"的"完美模式"终将证明一切，并使得他们的重重疑虑归于沉寂；

对于不具备竞争力的效仿者和竞争者来说，他们将会被商业变革的台风吹得折戟沉沙。

难道叶国富所说的"摆平一切"，仅仅就是为了去摆平来自互联网上下四面八方的质疑声？

一个人的高度，决定了他的眼界。

一个成功的商业模式从不会惧怕质疑，因为从某种角度而言，

质疑，仅仅意味着不理解。

而"理解"，则需要依托于社会发展程度的改变。

这里有个非常简单的例子：

二十四孝里的故事大多愚昧无知，无论是极端一点的"埋儿奉母"还是颇具奇幻色彩的"哭竹生笋"，在今天看来都或多或少显得难以理喻，可放在当时的社会环境下却备受推崇。

反之亦是同理，今天不被人理解的名创优品，可能明天就会成为这个社会商业模式的主流。

真正能引起叶国富担忧的，也真正需要靠他利用竞争去"摆平"的，正是那个名创模式成为主流的时代，也正是那个毛利率接近底线的时代。

这个时代可能到来吗？

当市场竞争日趋充分；

当技术供给日益充沛；

当技术的共享和产品日渐丰富趋于同质化；

当用户面对能带来相似体验的产品只能凭借价格因素进行抉择；

当激烈的竞争导致一家企业开始在市场份额与利润率间徘徊不决并不得不选择前者。

那么，低毛利甚至零毛利的时代，就要到来了。

这个时代没有到来过吗？

让我们回顾一下那个个人计算机（personal computer，PC）刚刚兴起的时代，软件开发商们异常简单的商业模式。

"我做研发,你买使用权。"

对于开发商而言,那是一个美好的时代,只要能做出简单实用的软件,小赚一笔不在话下。

对于使用者而言,那是一个可以不假思索选择产品的时代,杀毒就用"McAfee"或"瑞星",听歌就用"Xing Player"或"Winamp"……

好用的产品屈指可数,先进的技术凤毛麟角。

然而随着科技的发展,那个充满童年回忆的简单化时代一去不复返了。

PC的普及如同潮水袭来,比我们年岁的增长更加迅猛,开源的技术和免费的软件也随着这潮水破门而入,将我们重重包围。

于是,用户的争夺战逐渐升温,作为战利品的我们开始将大把的时间铺陈在挑选和寻找的征途上。

于是,软件免费已经成为一个时代特征,而软件开发商们的盈利模式则由"销售产品"变成了"倒卖流量"。

这,是否能启发我们今天的零售行业?

历史总是惊人的相似。

最靠近互联网思维的电商率先步了PC软件市场的后尘,那么接下来是不是就轮到实体零售业了呢?

叶国富和名创优品,准备好接受冲击了吗?

这,才是叶国富和名创模式真正需要靠"竞争"去摆平的未来。

对于已经取得巨大成功且深谙"修身"之道的名创优品而言，似乎信心十足，已然做好了依靠"竞争"搞定一切的准备。

那么，我们也愿意去相信，名创优品的诞生标志着实体零售业一个"低毛利"时代的开端，而这个时代却不会成为它的终结。

04 重新定义全球零售业

实体零售已死？瞎掰！———关键是
"卖什么"和"怎么卖"！

● REDEFINE THE GLOBAL RETAIL INDUSTRY ●

他强由他强,清风拂山岗。
他横由他横,明月照大江。
他自狠来他自恶,我自一口真气足。

——《九阳真经》

在大多数人的思维里，都有这样一个奇怪的理论，且被我们从幼时起就运用得"登峰造极"，即"他们都如何如何，所以我就如何如何。"

于是，这样的句子张口即来脱口即出：

"今年毕业生就业难，所以我毕业就会失业！"

"今年参加运动会的都是运动健将，所以我一定没希望！"

"今年电商大潮来势太汹涌，开实体店的一多半都死了，所以我必死！"

当我们习惯性地一次又一次将自己划归"失败者"和"弱势者"行列中的时候，这样一番话或许可以让我们重新审视这个世界：

他强任他强，他强未必我不强。

他横任他横，他横未必我定亡。

我自一口真气足，水来土掩，兵来将挡！

什么是真气？

"真气"的定义也许因人而异，因事而异，因行业而异。

在零售行业，这口真气就是"卖什么"和"怎么卖"。

1. 两个故事：从"哎呀呀"说起

刚刚结束了有关"售价"的一场鏖战，或许此刻的你与我一样，深深地长吁了一口气。

"价格"是个太烦琐的问题，但凡谈及"价格"二字就必须与全局息息相关。

毕竟对于大多数人类在社会上的活动行为来说，"钱"都是基础。

对于一款商品的诞生而言，同样如是：设计需要钱、研发需要钱、材料需要钱、技术需要钱、物流需要钱、仓储需要钱、开店需要钱、雇员需要钱。

然而，同样对于大多数人类在社会上的活动行为来说，"钱"是基础，却不是本质。

比如吃饭，虽然吃饭有成本，可吃饭的本质永远都只是"怎么吃"和"吃的什么饭"。

比如种地，虽然种地有成本，可种地的本质永远都只是"怎么种"和"种的什么地"。

这样的"比如"，任凭谁都可以说出很多种。

可我们今天只说一种，那就是：零售业。

·04· 实体零售已死？瞎掰！——关键是"卖什么"和"怎么卖"！

什么是零售？

根据零售的定义来看：零售是相对于"批发"而言的一个概念，指的是商品经营者或商品生产者把商品卖给个人消费者或社会团体消费者的交易活动。

其特点有三：

- 每笔商品交易的数量比较少，交易次数频繁；
- 出售的商品是"消费资料"（即"生活资料"或"消费品"），个人或社会团体购买后用于生活消费；
- 交易结束后商品即离开流通领域，进入消费领域。

如果要我们抛开它作为"修饰词"的特点去看本质，做一个简单的"缩句"游戏，便可以把以上一大段由冗长的句子组成的段落概括成一句话：经营者/生产者把商品卖给消费者。

那么，零售行业成功的秘诀是什么？

那便是：经营者/生产者如何把"尽可能多"的商品卖给"尽可能多"的消费者。

因此，他们要考虑的只有两件事：

消费者喜欢什么商品？

我要借助于怎样的桥梁促使消费者购买？

这就是："卖什么"和"怎么卖"的问题。

而叶国富早在属于他的"哎呀呀"时期，对这个问题的探讨便每天都在进行。

"哎呀呀"名字的诞生，来源于叶国富对这家店铺寄予的厚望。

他渴望着自己在店铺里邂逅这样一群顾客：她们也许不美丽，但她们年轻且极富活力。她们也许不富有，但她们追求时髦和快乐。她们走进这家店铺将会不约而同发出相似的赞叹："哎呀呀，这里的东西好漂亮呀！"

大概就是从这一刻开始，"哎呀呀"踏上了寻找"卖什么"和"怎么卖"之答案的征程。在这个过程中，有这样两个有趣而典型的小故事，我给它们分别起名为："师夷长技以制夷"和"授人以渔"。

【师夷长技以制夷】

"师夷长技以制夷"作为一个完整的战略主张，并不仅仅以"知己知彼"四个字就能加以解释，叶国富深知这一点。

对于"哎呀呀"来说，其顾客群主要由80后、90后的年轻女性组成，她们对时尚和审美有属于自己独特的追求。

对于叶国富而言，即便再"知彼"，也无法让他由一个70后大叔摇身一变脱胎换骨成为少女，正如俗语有云："女孩的心思你别猜。"这就让叶国富在"卖什么"的问题上犯了难。

所以，他想出了这样一条"锦囊妙计"。

虽然"我"非年轻女孩，可"天涯处处皆芳草"。于是叶国富用最快的速度组建了一支由"80后"时尚女孩构成的时尚买手"娘子军"，在选择商品方面摒弃了"九州八荒""中央集权""老板为中心"的传统观念。

这些"娘子军"中的成员们每个月有20多天奔波在外，流连于底蕴深邃的北京、风情万种的上海、酒绿灯红的东京和充盈着浪漫气息的巴黎。她们在醉人的繁华里搜寻时尚的线索，将流行的款式带回"哎呀呀";商品部则会立即联系厂家,按照新款打板上样。

2007年,"哎呀呀"的新品从被买手发现到被顾客购买仅需7天,其资金周转率被降至20天,几个月后被进一步缩短为10天。

这样带着"迅猛"和"新潮"烙印的手段,是否让我们觉得眼熟?

是的,这就是我们前文中提及过的——服装界的"快时尚模式"。

而将"快时尚"搬进一家经营模式类似"2元店"的"哎呀呀",也将国际市场上引领潮流的T台文化搬到不足40平方米的小小门店里。它,还是中国的头一家。

2008年,"哎呀呀"的店铺数量超过1 500家,业绩增长79%,销售额在行业内一骑绝尘,可谓王者之相初显。

"师夷长技以制夷"的战略能大获全胜,"娘子军"功不可没;同时,这也体现了对于一个品牌而言,"卖什么"的重要性。

【授人以渔】

另一个故事也许比上一个更具有启发性。

如果我们把"哎呀呀"比作一家渔具商店,渔具种类齐全,外观与实用程度二者兼备。而来商店里购物的渔人,水平则参差不齐。

这看上去很符合常理,也很有秩序。可是,偏偏叶国富,就从这"秩序"中发现了问题。

那是在2005年春夏之交的招商会上,叶国富见到了一位来自拉萨的投资者。投资者风尘仆仆、言辞恳切,平凡得不能再平凡。可就是这位投资者在交谈间不经意说出来的一句话却引起了叶国富的注意:

"我们拉萨的女孩子喜欢时尚,追求时尚,可是大多数不懂时尚。特别是落实到穿戴方面,还存在着诸多困扰。"

要知道,"哎呀呀"所走的是一条名曰"小城包围大城"的特殊路线。由于主打产品为"中低档饰品",叶国富从未指望过它能在铺租昂贵的一线城市一炮走红,因此尚未被高档品牌占领市场的二线城市与乡镇地区成为叶国富的重点发展对象。

这样一来,所谓的"不懂时尚"与"不懂穿搭"问题,就成为普遍现象。

叶国富意识到,只有因地制宜地将这些"渔人"的水平全面拉高,自己的"渔具"才更具备市场意义。

于是,叶国富决定,在"授人渔具"的同时,积极尝试"授人以渔"。

于是,一份份印刷精美、色彩鲜艳的装扮指南图册被免费分发给了加盟商,内里根据"哎呀呀"的商品特点、潮流趋势做了详细的介绍,并附上穿搭范本。

于是,一家时尚门店,成为兼职的"时尚学校"。

于是,在短短的半年之内,他的加盟店在内地小城就增加了500余家,而那位不经意间为叶国富带来了新思路的来自拉萨的投资者,其拉萨店开张头一周便创下10万元销售额的纪录。

"授人以渔"的目的,是"授人渔具",这是个典型的、有关"怎么卖"的故事。配合前文的"师夷长技以制夷",就形成了一套完整有效的策略,为今天的名创优品做了一个良好的示范,也针对"怎么卖"和"卖什么"给了我们深刻的启示。

而关于名创优品,我们则要从本节里被我们忽略的一个问题谈起,并作为探讨"卖什么"和"怎么卖"的开端。

那便是:"卖给谁?"

2. 卖给谁:关于"用户画像"的两个常见误区

叶国富曾经说过这样一番话:"做企业其实没什么高深的理论,最本质的就是洞察和满足顾客。"

毫无疑问,在满足顾客方面,叶国富是高手中的高手。"拈花摘叶""十步杀人",其产品以小见大、例无虚发,款款都"打"在了顾客的心尖儿上,击中了痛点,击中了刚需。他是睿智的,但是这种睿智除了得益于精准的产品定位外,更得益于在产品研发之前的未雨绸缪——更加精准的客户定位。

这就体现了在"洞察顾客"方面的"功夫"。

简而言之,也就是:卖给谁。

进一步探讨这个问题,则不可避免地会涉及"用户画像"的问题。

什么是"用户画像"?

这个概念最早由交互设计之父阿兰库珀(Alan Cooper)提出:用户画像(Personas)是真实用户的虚拟代表,是建立在一系列真实数据（Marketing data,Usability data）之上的目标用户模型。

简而言之，用户画像的核心工作是为用户打"标签"，被打了标签的用户更容易分类。例如，你的用户里喜欢钓鱼的人有多少？喜欢钓鱼的人群中男女比例是多少？

那么，怎么样来获得"用户画像"呢？

从理论上来讲，我们可以通过调研去了解用户，继而根据他们的目标、行为和观点的差异，将他们区分为不同的类型，随后从每种类型中抽取出典型特征，并为其赋予名字、照片、一些人口统计学要素和场景等描述，从而就形成了一个人物原型，也就是我们所说的"用户画像"。

事实上，一些大公司非常热衷于对用户画像进行绘制和建设。因为在他们看来，为一个实实在在的"人"做产品设计，要远比绞尽脑汁的虚构来得更容易、更准确。

这样的做法，确实在相当多的企业获得了成功甚至绝处逢生。屈臣氏，就是一个绝好的例子。

众所周知，1828年的屈臣氏还是一个成立于广州的不起眼的小药房，并有着一个老派十足的名字："广东大药房。"

1841年广东药房南下香港，1871年正式易名为屈臣氏公司（A.S. Watson & Company）。发展至今，已经有了百余年的历史积淀。

1981年，屈臣氏被华人首富李嘉诚名下的和记黄埔收购。在李氏团队的缔造之下，屈臣氏不负众望成为了全球首屈一指的个人护理用品、美容、护肤商业的业态巨擘。时至今日，屈臣氏在全球门店总数已达五千余家，销售额逾百亿港元，业务遍及四十多个国家。

然而鲜有人知，这么一家称霸个人护理零售业的行业大佬，在1989年重新进入内地市场后，一直到1997年以前，始终处于低潮期和迷茫期，战果并不尽如人意。

究其原因，也并不复杂。

有人说，20世纪70到80年代可以作为国内护肤界的一个划时代标签。因为在这段时期，国货品牌的成立和壮大如雨后春笋破土而出，其扩展速度之快让人们猝不及防，从而导致了行业内同质化竞争日趋激烈和严重。而1997年以前的屈臣氏，其自有品牌不足市场份额5%的现状成为不争的事实，这使得战略方向本就十分模糊的屈臣氏失去了大半的竞争力。

想明确战略方向，走出以代理一线个人用品品牌为主的"围城"，就必须将自有产品的开发和推广提上工作议程。那么，这就要面临一个严峻的考验：

"我"的自有产品，要卖给谁？

于是，锁定目标客户群成为了重中之重。

于是，屈臣氏紧锣密鼓地策划了一场又一场调研计划。

屈臣氏在调研中发现，较之西方国家女性的消费习惯而言，亚洲女性会投入更多的时间进行逛街购物，并乐此不疲地耗费大量精力去寻找"性价比"高的产品。

统计结果令人惊讶：中国大陆的女性平均在每个店里逗留的时间是20分钟，而欧洲女性这段时间大约只有5分钟。

为了进一步强调这种差异化，屈臣氏最终将中国大陆的主要目标市场锁定在18～40岁的女性，特别是18～35岁的时尚女性。因为这个年龄段的女性消费者在店铺逗留的时间最长，精力最旺盛，且最富有挑战精神。

较之年龄超过40岁，已将品牌选择和生活方式经营成了思维定式的女性而言，18～35岁的女性更愿意尝试新鲜事物、追求新奇体验，她们乐于在朋友面前展示自我，也更愿意用金钱为自己带来颠覆式的变革。

有了这些定位，屈臣氏针对目标顾客的自有品牌研发之路就变得异常顺利。

不到十年，屈臣氏的自有产品数量已超过1 000余个，并由原来占据市场份额的5%扩大到了25%以上。

一次又一次地被市场和用户接纳，屈臣氏选定的自有品牌战略势如破竹、大获全胜。除填补了产品条码数的基数之外，还进一步强化了店铺内的竞争环境和格局，有效地拉高了店销利润。

同时，还成就了一个有关"客户定位"和"用户画像"的正面案例。

在一部武侠小说里，形容一位高手修为之高最好的办法，不是一笔一画描摹他的武功多么出神入化，而是将另一个修为出神入化的高手与之相提并论。

这种现象不只发生在武侠世界里，在现实世界尤甚：

比如我们讲京东，就总是离不开天猫；

又如我们谈格力，就总是会牵扯美的；

再如我们要说名创优品,却先讲了一个关于屈臣氏的故事。

而非常有趣的一点是,在关于绘制"用户画像"的问题上,鲜少有人认为叶国富是高手,便更不会认为名创优品有资格与屈臣氏比肩而立。即便屈臣氏曾公开将名创优品列为最具威胁性的竞争对手之一,我们在互联网上下听到的绝大多数论断都还是:"名创优品不就是做小商品吗?不就是2元店和10元店吗?不就是卖给小女孩吗?"

显然,在客户定位的问题上,不少人对名创优品存在诸多误解。然而更有意思的是,这些误解也恰体现了许多人对"用户画像"四个字的两个常见误区。

【误区一】通过产品定价而非产品定位描绘"用户画像"。

或者说,是将"用户画像"作用于"产品定价"而非"产品定位"。

什么是产品定价?

顾名思义,产品定价指的是产品在市场上卖多少钱。

什么是产品定位?

产品定位讨论的是我们要做什么样的产品去满足用户的需求。

某日与我的一位朋友路过一座地处商业步行街附近的天桥,当他得知我对名创优品的勃勃兴致之后,看着天桥上来来往往的人群,突然没头没尾地问了我一句:"你觉得,这些女孩子就是名创优品最主要的目标用户吗?"

他不动声色地给我指了指我的右侧,两个年轻的女孩子正操着浓重的家乡口音有说有笑地走在一起，一个穿着"淘宝风"十足的雪纺连衣裙，另一个则穿着附近某家餐厅的统一工作服。

他结论的来由很简单，因为她们年轻、追求时尚、是外来的打工族，大概属于中低消费人群。当然，最重要的是："她们只买得起便宜商品，而名创优品很便宜。"

"便宜"与"低消费人群"的对应关系体现了一种"思维俗套"。如果该理论成立，生活中诸多现象都可以此作为论据，如：

逛二手书店从门前"故纸堆"里淘宝的文人一定穷；

购买两毛钱一枚的天然松果用以装饰屋子的人一定住的是陋室。

反过来说，则变成了：只有穷人才会买旧书并且崇尚天然装饰品。

这显然是错误的。我们试图利用低价的消费需求让用户的"没钱"与产品的"便宜"之间产生某种关联，却忽略了用户的审美需求和精神需求。

这就造成了如上典型的将"用户画像"作用于"产品定价"而非"产品定位"的例子。

事实上，名创优品对"用户画像"的描绘十分笃定：年轻女性、白领、"小资"。

如果更具象一些，则有一个更精准的定位：18～35岁的学生或者小资白领。

对这个群体来说，在实用之外，"设计感"和看上去"高品位"

的美学特征同样是"刚需"。

此外,叶国富的一番话也颇具深意:"对名创优品而言,有钱人买的居多,因为他们精明,懂得产品的价值。越精明的人越理性,越有钱。"

出于这种考虑,有别于寻常"2元店""10元店"在小商品批发市场或"路口底商"的选址,名创优品把店面集中选在了一二线城市的大型商场以及中高端的购物中心里。

而名创优品在这样"肥沃"的土壤中所取得的成功,也从事实上证明了叶国富的观点。

【误区二】通过"用户意见"而非"用户行为"调整"用户画像"。

在还没有离开那座天桥的时候,我问了我的朋友这样一个问题:"你认为名创优品在顾客中的口碑如何?"

朋友答:"差,差极了。"

他继而向我滔滔不绝地讲述了他的某位女同学如何如何从名创优品的门店里选择了一副耳机、如何如何满心欢喜地试用、如何如何在两周后因为商品损坏而弃之一旁、如何向旁人道尽了对名创优品的不满……

我问他:"这是普遍现象吗?"

朋友答:"起码在知乎和微博,骂声一片。"

我问他:"那么这些声讨名创优品的顾客,今后还会去名创优品购物吗?"

朋友陷入了沉默。

显然，他不知道，也说不清。

事实上，"边买边骂"的现象在各行各业都十分普遍，我们能在玩家社区见到因某款游戏的玩法设置和技能设定而引发的怨声载道，我们也能在社交网站看到有关某某品牌产品设计方面的激烈吐槽。如果我们翻翻董明珠的微博，评论区率先闯入视野的，一定是成百数千条针对格力产品的"缺陷"咬死不放的用户评论。

然而这些"产品缺陷"真的是"缺陷"吗？

顾客真的会因这些"缺陷"而停止对该品牌的消费行为吗？

"不喜欢"我们产品的顾客，就不是我们的目标客户了吗？

面对这些"不满"，身为一个产品经理，我们应该立刻调整"用户画像"和"产品定位"吗？

热衷收集用户意见是一个好习惯，因此有许多企业在为了不断完善"用户画像"而努力的过程中频繁地向用户发放问卷征询意见。然而这样做的结果，却往往让一个品牌陷入迷阵。

"骂"是一种有关虚荣心的时代特征，在这种时代特征的表象底下，相当一部分消费者"边买边骂"，却"越骂越买"。尽管他们在针对产品设计的问题上总能口若悬河，甚至字里行间都透露出要与某个品牌划清界限的决绝，而这其中的绝大部分人，可能根本搞不清楚自己的真正需求是什么，自己对该产品的"深恶痛绝"究竟是"诚心实意""随口一说"还是"因爱生恨"。

因此，相较于用户的字面反馈，名创优品更注重于对大量的用户行为展开分析。它甚至为此专门成立了一个"大数据处理部门",专门分析和挖掘消费者的购买数据,以把握"用户画像"和"用户需求"的细微变化。

我常说"凡事不可深究",因为"深究"意味着专业性的提升,"深究"意味着从坦途走入迷宫。

这也就是传说中的"内行看门道,外行看热闹"。

在外人看来,叶国富在"用户经"上的"修为"恰如欧阳锋,功夫越练越怪,越怪却越强。

在"行家"看来,这种对"用户"的精准洞察来源"拨开迷雾看真相"的睿智、"不为外界动摇"的理性、"辨别陷阱和误区"的机警,以及借助于"大数据""运筹于帷幄之中,决胜于千里之外"的眼界和气魄。

叶国富在"卖给谁"的问题上的修为之深、真气之厚,可谓"滚滚不可测也"。

然而对叶国富而言,"卖给谁"恰也是他在提及自己"生意经"的时候,鲜少谈起的话题之一。

也许在他看来,"卖给谁"很重要,但不是制胜的关键。

事实也的确如此。

论起大数据,名创优品做不过互联网巨头和对数据颇为敏感的电商;论起"用户分析",诸如屈臣氏般深谙此道的企业浩如繁星。

诚然,名创优品强调"如何划分用户",然而它更加强调的是"如何对待用户"。

这,大概才是其在"用户"话题的探讨里冲破电商重围、有别于大多数实体零售企业的"通关秘籍"。

2. 卖什么：她们人生中的第一瓶香水

最早将叶国富的"她人生中第一瓶香水"这个概念讲给朋友听的时候，我的第一句话话音未落，朋友就一拍大腿做恍然大悟状："我知道了！你一定是要说叶国富的老婆吧！"

为免引发歧义，所以我后来在"她"的后面，加了一个"们"字。

然而这件小事倒是对我有所启发，还骤然想起曾经认识的一位供职于某家知名小说网站的编辑说过的话："写故事，要把读者当成你的女儿。"

而这种与叶国富同工异曲的理念恰可作为对他那句关于"做企业"的"至理名言"后半句的最佳解读："如何满足顾客。"

凡事从顾客的角度出发，以顾客为本，满足顾客包括情感和精神方面在内的深层次需求，成为叶国富关于"做什么"和"卖什么"的第一出发点。

而名创优品的香水产品，就是一个绝好的例子。

许多人大概都知道，香水是叶国富极其偏爱的产品之一。从"哎呀呀"到名创优品，作为主打产品陈列在店内显眼位置的各色香水从不曾缺席。

然而鲜为人知的是，中国的香水市场数十年以来，如同一个长不大的孩子，发展异常缓慢。在法国，香水等同于最常见的生活用品，几乎与衣食住行并驾齐驱成为人们日常生活中不可缺少的一部分。而在中国，在"哎呀呀"第三代店铺席卷全国的2006年，即使高端品牌如Chanel、Estée Lauder和Dior在中国的香水年销售额也仅仅有约1.2亿美元，与同年欧洲销售额的90亿美元和美国的40亿美元比起来简直是微不足道。

缓慢的发展，意味着巨大的商机。香水厂商们对中国香水市场的成长充满期待，面对这样一个充满神奇魅力与商业诱惑的市场的确很难不让人心生爱意。叶国富不能免俗，他也是其中一员，并且在香水市场一做就是十年。

截至2014年，只有约16%的中国女性定期使用彩妆产品，47%的中国女性只偶尔使用香水。显然，我国的香水市场目前尚未被完全激发。

我们说起名创优品，总免不了将它与"逆势"二字扯上干系。就名创本身而言，它逆的是"电商突起实体衰落"的"势"，有趣的是，它旗下的香水产品也在中国香水市场不温不火的情况下逆势而起了！

它的香水产品一经问世，诸多门店外便排起长龙，香水陈列柜迅速被抢购一空，一款售价39元名为"爱慕"的香水甚至在中国试点创下了1分钟销售300瓶的纪录。继而，在东京、首尔和纽约等全球时尚前沿掀起了大众时尚香水之风。

中国那些平日里不买香水的女孩子怎么了？

我们迫切想知道叶国富的秘诀，想知道一句无形的"以顾客为本"究竟是怎样在叶国富手中幻化为披荆斩棘的削铁利器的。然而想了解其"击破点"和"击破技巧"的巧妙之处，我们就不得不再多费一番口舌,先谈一谈中国香水行业发展的障碍究竟在哪几个方面。

【1】消费文化障碍

我们在前文提起过,重视"高科技"的叶国富将香水产品看作一种技术产品。当然,事实也的确如此。

然而"文化产品"却是香水产品另一个更为重要的属性。

要知道,香水品牌的经营本身就是文化积淀的过程。与生理构造有关,西方人使用香水相当重要的一个原因是遮蔽体味,而东方人鲜少有需要使用香水遮蔽体味的习惯,这样便说不上是什么历史文化根源。

当"洋货"流入本土时,本土性需求的挖掘就成为重中之重。因此,香水在中国除了具备赋予身体香味的功能之外,其他用途也被中国消费者所关心。

一个比较极端的例子,便是六神花露水的成功。我们喜爱它的香氛,同时也重视它驱蚊防虫、提神醒脑的功效。

因此,如何深入洞察中国人,创造出代表中国文化与符合国人需求的香水产品,成为打破中国香水市场消费文化障碍的永恒主题。

【2】产品价格障碍

在一些国家和地区,香水被作为日常生活用品广泛使用。可是要打开中国的香水市场,就意味着香水产品不得不经历一个由"奢侈品"到"日用品"的蜕变和转换。

诸如Dior之流的国际香水品牌每50毫升的价位基本上都

在人民币 500 ~ 1000 元。这个价位即便对于白领而言，也略显昂贵。

因此，常常有人将香水产品的消费称为"品位"和"观念"的消费。但作为一件供个人使用的商品，价格对产品渗透依旧具有不可忽视的重要影响，而如何在品牌价值与价格间取得平衡，是突破中国香水市场价格障碍的关键之一。

【3】购买习惯障碍

在中国有一个非常特殊的"怪"现象：购买香水者多是将香水产品送给朋友或情人，自己使用的消费者还不到三成。

所以"情人节旺季"成为香水行业在中国的独有特色，而情人节期间香水的销量约占全年销量的 30%。

因此，如何创造新的购买契机，以提高消费者的自购比率成为推动市场成长的重要因素。

【4】购买人群障碍

从调查来看，香水产品最大的消费群体集中在 30 ~ 50 岁的中年女性消费者，许多品牌香水销售的经验已经证实了这一点。因为这一年龄段的消费者拥有较高的收入，消费时可以更从容地进行选择。但从另一个角度可以看出，不温不火的香水市场其实还远未成熟；由于消费观念的影响，真正新兴的顾客群还没有光顾。

【5】香型偏好障碍

众所周知，欧美品牌的香水香氛非常浓郁，对体味的遮盖力强，充满性感的吸引力。

中国人的生理和心理特点比较适合轻盈而简单的清淡香型，女性喜欢花香型，男性则偏好更清新的香味。特别是近年来流行"不香"的香水，香调中以清新的果香和花香最为热销，除了头香较浓郁外，中香和尾香都淡入淡出。

这种喜好上的差异，也导致了许多消费者对中国普遍充斥着"欧美风"的香水市场并不感冒。

消费文化障碍、产品价格障碍、购买习惯障碍、购买人群障碍和香型偏好障碍形成了中国香水市场一座看不见的"五指山"，若非能有位唐僧般的得道高人揭开符咒，国内的香水市场将很难有所突破。

而叶国富，恰恰便以我们本节的标题作为了破解符咒的关键，他首次提出了这样一个设想：

"我要卖女孩们人生中的第一瓶香水。"

然而在他提出这样一个设想的时候，国内的香水制作及销售厂商多半都还搞不清楚"人生中的第一瓶香水"意味着什么。

放在香水产品的设计上，我将之总结为四点：廉价、故事、科普、专业。

这八字真言以简胜繁，四两拨千斤地巧妙打破了"五大障碍"的壁垒，并且在中国的香水市场打开了一种全新的局面。

【1】廉价

由于在前文我们已经讨论了关于名创旗下香水产品与"高科技"的问题，因此这里我们不再去重申名创优品的香水有多"优质"，仅仅讨论廉价的优势。

事实上，廉价可以解决三个问题，即：产品价格障碍、购买人群障碍和购买习惯障碍。

说到这里，我不禁又想起一个有关自己的小故事。

从我的年纪来看，大概可以算得上是叶国富眼中的"目标顾客"，可我属于几乎不使用彩妆产品的那"84%"，同时也属于不使用香水的那"53%"。自然地，我也没买过名创优品的香水。

然而，我却在初中时代真的拥有过"人生中的第一瓶香水"。它不是来自商场专柜，也不是来自好友的馈赠。说起来这与叶国富还有些惊人的缘分，它来自——哎呀呀。

有人说女孩的第一瓶香水，极类似女孩的第一双高跟鞋，它象征着从女孩到女人蜕变路上的第一个跨度。年轻的女孩子们总是渴望长大，因此在某个阶段难免对化妆品和风格成熟的装扮有一种奇妙的向往，这很像电影《女孩梦三十》中所传达出的信息。

她们渴望与众不同、提前长大；

她们喜欢"偷偷"行事，担心父母撞破这种纤巧细腻的心思；

她们鲜少购买奢侈品，却已经可以分辨街边散装劣质香水中浓重的酒精味道；

她们零花钱不多，只想用最少的成本实现最多的梦想。

我曾经是她们中的一员。

这种心态使然，我在"哎呀呀"买下了我人生中的第一瓶香水，那瓶香水的味道如今我已经回忆不起，然而对其价格却记忆犹新——15元。

15元的价格几乎打消了我这个"香水外行"的一切顾虑,以低成本换取一个试试看的机会的心态怂恿着我,促使我为自己的第一瓶香水埋了单。

当然,我举的例子可能有些特殊,毕竟"中学生"这个设定并不能代表全部的"年轻化群体"。但它在"第一次"这个概念上,却体现出了某种共性:试探性的小心翼翼、充满幻想的跃跃欲试,同时期待着在风险成本和金钱成本上能达到某种趋于完美的平衡关系。

当价格足够低的时候,我们总是更容易去尝试;同时,基于"一分价钱一分货"的思维定式,我们选中一款低价商品作为礼品的前提条件往往就变成了自己先行试用。

另外,对大多数不需要依靠其去遮盖体味的顾客而言,国内的香水产品不再是刚需,因此低价绝对是大势所趋。它恰是将"奢侈品"变为"日用品"的最"简单粗暴"的一步,也是最重要的一步。

【2】故事

如果有人问我:你记忆里最香的香味是什么?

我最先想到的一定与某种气味馥郁的花香无关。反倒更可能是一个闷热的午后梅子的酸甜香,晕车时候的薄荷香,甚至是饿极了时的一阵扑鼻而来的红烧肉香。

事实上,我们对气味的认知和定义大抵如此,往往与经验常识乃至记忆有关。

那么对于一个中国的年轻女孩而言,什么气味是最令她们心神往之?

也许是早春的第一场雨,夹杂着暧昧的泥土的清香,乍暖还寒时候微微荡漾的晨雾的味道;

也许是五月的第一朵槐花,混合着青草的气味;

也许只是一个高中时期被逃掉的晚自习的操场,橡胶跑道的味道,潮湿水泥地的味道,还有校服上雨水的味道。

这些味道清淡不张扬,带着一种东方人特有的含蓄,让我们想起很远或很近的过去。这些气味符合东方人的审美,同时也迎合着我们自己对自己的认知。

有人说:每一种气味都是一段故事。

事实上,对于很多情感细腻的东方女孩来说,将香水与"身份和品位的象征"画等号有点言之过早,也鲜少有人需要用浓郁的欧美风香水遮蔽体味。

而在增加香味之外,将香水作为一种情感需求消费的可能性就大大增加了。

事实上,在国内许多销量颇好的香水,往往也与故事有关。

在知乎上就有这样一个颇有意思的问题:"哪一款香水让你联想到了月光?"

底下的回答千姿百态,同时极富浪漫主义色彩。这些回答所体现出的一个很有意思的现象就是:不同人的不同经历导致了他们对不同香水和香味的看法,而这些看法往往来自于回忆。

在一定的地域范围内,一款销量优秀的香水产品,往往迎合的是这一批拥有相似成长环境的用户的体验和认知。

名创优品旗下的香水产品,恰恰做到了这一点。

"花漾"少女系列香水着重突出春夏季繁花之香,融入符合东方人嗅觉审美的茉莉、百合、栀子花、水蜜桃等清澈淡雅的花果香味,告别了浓密的欧美风情,处处体现着清淡干净、温柔婉约的独特气质。

"少女心十足"成为许多消费者对这款香水的评价。这是名创优品在"底价牌"之后打出的一张"感情牌",这张"感情牌"却一举击溃了香型偏好和消费文化两大障碍,成为名创优品香水系列大获成功的又一大原因。

在这里不得不提的几句题外话则是:叶国富将"因地制宜"四个字发挥到了极致。非但在国内的香水市场如此,在名创优品遍及全球各地的门店内所销售的商品也都带着明显的"地域偏好"色彩。为不同的城市调整出不同的产品上架策略是名创优品的特色之一,同样也是值得我们借鉴的地方。

【3】科普

叶国富从不把希望完全寄托于"冲动型消费"上。

事实上,"低价"和"故事"两大特性非常好地切合了"冲动型消费"的原理。然而试图借此取胜未免太过短视,如何在卖出"她人生中第一瓶香水"的同时为"她人生中的第二瓶香水"埋下伏笔十分重要。

这就有些类似前文在介绍"哎呀呀"的时候所提到的那个"授人以渔"的故事了。针对在中国普及程度不高的香水产品,名创优品如"哎呀呀"一般印发了大量的产品手册,在介绍产品特点和差异性的同时,将香水产品的来龙去脉和历史渊源完整地呈现给了消费者。

而在名创优品的微信公众号上，关于香水产品使用和香水品质甄别的文章也比比皆是。

这样一来，名创优品便将"打造消费者人生中的第一瓶香水"变成了"制造消费者与香水产品的一场初相遇"。这不可谓不高明。

【4】专业

我们已经有约在先，说好了不去讨论优质的问题，可产品的"专业性"却一定要谈。

如果说"科普"是为"她人生中的第二瓶香水"埋下伏笔，那么"专业"则可以引导"她"成为名创优品香水产品的忠实顾客。

作为一个购买香水产品的"老手"，对香水的评判标准往往由以下三个方面构成：香调构成、喷雾细腻度、留香时间。

从香调构成来看，名创优品虽不致将香调设计得过于反复巧妙，可却同样下足了功夫。

如前文所述，为打造"花漾"系列香水，名创优品专程聘请了世界知名的调香师，调制出的香调结构以百花香味作为基调，前调甜美浪漫，中调果香馥郁，后调清新怡人。层次多变，过度柔和，使得许多对名创优品香水产品至今存疑的消费者无法否认其在香调设计方面的专业性。

例如，我曾有一位热衷于大牌香水的女性朋友在买过一瓶"花漾"系列之后就做出如是评价：

"天哪，本来想买来玩，结果发现它竟然与大牌香水一样，有设计独到的前中后调之分，太有意思了。"

当然，这样的评论多少带着些居高临下的鄙夷，但是"超预期"的体验也正是名创优品"专业性"的体现。

从喷雾细腻程度来看，名创优品抓住了香水消费者相当看重却最容易被产品研发厂商忽略的细节。

一般来说，喷雾面积越大、喷雾越细腻，那么留香的范围也越大、越均匀。通常来讲，有不少劣质的散装香水经常出现喷雾面积过小、喷雾颗粒过大的问题，这就导致了会洇湿服装、香味分散不匀的现象。

本着"专业性"的精神，名创优品在喷嘴处下足功夫，经过反复的设计与试验，使得最终喷出的香水呈现出细腻的水珠与完美的伞状。

从留香时间上来看，名创优品将每一款香水的持香时间保持在7个小时以上，随后前中后调慢慢散发、逐渐弥漫。如果喷洒在衣物上，则能维持长达几天的时间，后调的淡淡香草味将与衣物融为一体。

"人生中的第一瓶香水"的定义耐人寻味，而这也使得叶国富的香水产品成了一个打造明星产品的绝佳案例。

它详尽地讲述了一个如何针对某款产品，将一名顾客从"业外小白"培养成"业内大神"的精彩故事；

它为一款产品从"激发顾客购买欲"到"培养忠实粉丝"的全部流程做出了一个模板式的表率。

它给产品的设计和生产提出了一个新的挑战：

卖什么？

要卖优质低价。

要卖情感需求。

要卖专业态度。

3. 卖什么：卖的是"时尚梦"

卖什么？

早在"哎呀呀"的势头在中国蔓延开来的时候，叶国富就说过：我要卖的是一个"梦"，时尚梦。

这听上去有点类似我们前文在"出售的是一种优质的生活方式"一节里提及的"胡萝卜汁"的例子。

毕竟众所周知，在生意经方面张口谈"幸福指数"闭口谈"生活方式"的叶国富卖理念是卖出了名的，我们已经重点表彰了他的"利他之心"。那么在这里，我们需要将这种理念落实，来看看在销售实战中，名创优品要卖的究竟是怎样的"时尚梦"。

什么是时尚？

时，时间，时下；尚，尊崇，遵从。简而言之，时尚就是在我们所处的时代背景下，在一定时间段内被我们尊崇的事物。

基于这种解读，时尚的定义在各行各业、各个时间和地点，都有其独特的含义。

有人认为"简单"即时尚，有人认为"个性"即时尚，有人认为"奢华"即时尚。

关于这种有些"抽象"的时尚定义，在生活中的"具象"体现，往往与美学体验相关。

仍以上三种解读为例,则有由"简单时尚派"衍生出的极简主义设计,由"个性时尚派"衍生出的标新立异的服装和发型设计,以及由"奢华时尚派"衍生出的以"土豪金"为颜色的潮流。

显而易见,放在产品研发方面,想创造"时尚梦",就要推崇"设计力"。

叶国富说:"过去中国30年来产品是满足两个功能,实用性和低价。但未来,设计在产品开发中将占很大的比例。"

他随后对"设计"二字做了如下补充:外观设计和工业设计。

而这两者在一家门店中的体现则同样有两点:产品设计和环境设计。

【1】产品设计

在产品设计方面,一个被叶国富推崇已久的品牌成为设计领域贩卖"时尚梦"的典范。它就是苹果。

在过去很长一段时间,许多科技公司对"时尚"存在一个误区,即:只要你做的东西看上去很酷,颜色特别,造型有趣,那就是时尚。

这种停留在"第一眼印象"方面的时尚显然太过肤浅,而同样作为一家科技企业的苹果公司则把对于时尚提出的挑战和要求着重放在了包含视觉印象和使用体验在内的整体感受中。

我的用户能否在使用我的产品过程中处处感受到时尚?

显然在这一点上,苹果很早就做到了。

恰如叶国富所说："苹果手机到今天依然是我们生活用品里面，设计外观最漂亮、手感最舒适的产品。"

这句话究竟是否有夸张之嫌，我们不去探讨。因为关于苹果公司，还有另一个略显极端、让人无法质疑的例子——Apple Watch。

如诸位所知，Apple Watch 是苹果公司于 2014 年 9 月发布的一款智能手表，有多种风格不同的系列及配色。

2015 年 5 月 23 日，苹果公司开始出货首批级别为高端定制奢侈品的黄金版 Apple Watch Edition 订单；

2015 年 9 月 10 日，苹果公司增加了 Apple Watch 的配色和爱马仕版的皮制表带；

2016 年 1 月 6 日凌晨，苹果公司在包括中国大陆、中国香港等在内的国家和地区推出两款以金银红三色为主色调、配合传统春节的 Apple Watch Sport 限量版手表。

纵览 Apple Watch 的"版本"更新史，我们很容易从中嗅到一股时尚气息。

但对于 Apple Watch 的使用者而言，则是另外一番极致体验。

为免后文出现有偏题嫌疑的长篇大论，在这里我们不妨从外观设计、界面设计和交互设计方面各取一点为例，力求以小窥大，借此了解苹果关于"时尚"和"设计"的定义。

在外观设计方面，以 Apple Watch 的运动版为例，其配色方案的确定在整个开发过程中经过了数千次的对比和筛选。团队成员就手表表带的设计，尝试了成百上千的色调用以和红、蓝、黄三色调相搭配。

在界面设计方面,以 Apple Watch 的桌面壁纸设定为例,为了找到适合 Apple Watch 的桌面,设计团队对同一朵花拍摄了 24 000 张照片。而为了得到那张著名的水母桌面,苹果特意在设计室里面搭建起一个鱼缸,在一切准备就绪之后,他们采用了高端的 4K 幻影相机以 300fps 的帧率对水母进行拍摄。

水母

在交互设计方面,以 Apple Watch 表冠操作为例,用户可以通过表冠旋转的方向流畅自如地缩放屏幕内容,顺时针放大内容,逆时针缩小内容。这别出心裁地借鉴了天体运动的规律,自然而极具设计感,既有趣又巧妙。

通过对极致设计感的追求,苹果公司再一次实现了从科技品牌到时尚领域的成功"跨界"。

有趣的是,这只由科技公司研发的、打着"高科技"标签的智能手表,一经面市便被时尚媒体迅速"围观",接连登上了包括《VOGUE》在内的各大国际著名时尚杂志。

数不清的调查数据证明了叶国富对苹果公司以"时尚理念"研发产品的推崇并非随口一谈。

2016年7月13日,国外市场研究公司 j.d. power 发布了一份关于2016年智能手表客户满意度研究报告,Apple Watch 毫无悬念地夺得冠军。与此同时,Apple Watch 截至2016年在智能手表领域占据的市场份额已高达46%,这让无数智能手表研发商只能望其项背。

这,就是时尚。

为了成为百货零售业里的"苹果",叶国富在设计力方面下足了功夫。

除了前文提到过的香水产品,名创优品的另一个明星产品也可以称得上典范,这便是——芒果果饮。

如果说苹果做出了时尚圈里的科技产品,那么 MINISO 的芒果果饮也堪称食品行业的时尚新星。

作为名创优品的独家产品,这款售价仅为15元的芒果果饮在设计和工艺方面却几乎做到了国内市场的绝无仅有:

独特高挑的锥形造型、大气美观的品牌标识、时尚修长的玻璃瓶身,由上而下逐渐扩宽,切合了人们手拿物品的习惯,自然而不易滑落,加上恒温的装瓶技术,能够最大限度地保证果汁的鲜甜美味。

值得一提的是,整个瓶身仅瓶底有接触点,瓶身倾倒极易破碎,故在制作工艺上存在很大难度。

这款被设计到极致的芒果果饮在叶国富意料之中,从众多饮品中脱颖而出,很快便爬上了以"时尚"为主打的名创优品各大门店热销榜。

芒果果饮瓶身设计

在软件开发领域,我们对时尚有这样一个定义:"小"而"美"。

而有趣的是,这种"小"而"美"的理念在零售行业被名创优品修炼得登峰造极,越是微小而日常的产品,就越要在设计感方面"勇攀高峰"。

事实上，如今已经有越来越多的品牌意识到这一点。于是我突然想起2016年6月旁听某电商营销讲座时旁边一位男士说的这样一番话：

"现在一些销量不错的淘宝店，从900块钱的东西到9毛钱的东西，都有专门的设计师。"

人们追求时尚的步伐永远不会停歇，而产品设计就是时尚感诞生的根源。

【2】环境设计

如果把"时尚"与具体的产品抽离开来谈时尚，得到的往往就是一种氛围的体验。

事实上，当我们谈起一个耳熟能详的品牌时，往往印入脑海的不是某件商品，而是它带给我们的氛围。或者我们也可以说，这种氛围是该品牌门店内所有商品的集合，是门店装潢，是门店内的商品陈列。它们或富丽典雅、或简洁大方、或清新自然，无一不展现着该品牌对"时尚"二字的理解。

有许多优秀的品牌门店，本身就可以称为艺术的产物，只一眼便能吸引时尚达人沉醉其中、流连忘返。

这，便是环境设计的艺术魅力。

而将它应用在商业布局中，则成为一种能带来巨额经济效益的视觉营销，即VMD（Visual Merchandise Design）。

在实体零售业中，绝大多数国际品牌都十分注重自身门店的环境设计。

最典型，也最贴近名创优品的一个例子便是优衣库。

优衣库强调"简约美",强调"物美价廉",也强调顾客购物过程中的"自主性",所以在装修和陈列方面处处试图体现它的品牌理念。

从橱窗设计来说,不论季节的更替和潮流的改变,模特的穿着始终诠释着"简约而不简单"的品牌理念。造型奇特优美的灯具应用于整个橱窗背景,营造出一种独特的空间美感,达到了令人意想不到的视觉审美效果。

从空间布局设计来说,优衣库属于百货仓储式陈列,对空间的利用主要是存储货物。陈列架的设计遵循着"与视觉等高"的原则,伸手可取的货架设置和科学的货品分类体现着"高效""严谨"和"自主"的特色。至于"长通道"与"小格子"的配合则最大化利用了卖场空间,优衣库最具特色的"T-shirt墙"兼具仓储、展示和装饰功能,新潮时尚、美观整洁、落落大方。

从试衣间设计来说,干净淡雅的色彩搭配在舒缓消费者紧张的情绪之余继续强化着"简约""自主"的门店特点,温和的灯光设计可以帮助顾客轻松分辨出衣服的颜色,同时带来安全感。

上述的一切构成了我们对优衣库品牌的认知:自然、舒适、高效、简约、现代。

这一切让前文提到过的优衣库的"基本"理念变得极具个性,带上了鲜明的品牌烙印,同时备受消费者追捧。

这,就是时尚。

而对于名创优品来说,它在环境设计方面做出的努力,同样不逊于优衣库。

与优衣库一样，名创优品不是奢侈品店，富丽华美的门店装修会让真正的目标顾客望而却步。

与优衣库一样，名创优品也不是小商品批发市场的零售店，简陋的装潢和不加考究的陈列与"优质"的品牌理念相去甚远。

因此与优衣库一样，名创优品在门店的环境设计方面也秉承了"简约而不简单"的理念。

名创优品的绝大多数门店清一色采用舒适温和的象牙白作为主色调，辅以暖黄色的柔和灯光，于是大红的店标熠熠生辉，门店内温暖如春。宽敞的门口使店内与商场"融会贯通"，营造出开放宽容的购物环境，帮消费者从心理上减小购物压力。

在陈列架的选择方面，名创优品依旧执行着被运用在产品设计方面的那一套超高审美标准，大规模选用与LV（LouisVuitton）同厂出品的货架。然而有别于奢侈品品牌LV的高贵雅致，名创优品的货架风格则完美延续了"简约美"的品牌哲学：18mm厚的实木板材上保留着原始的自然纹理，坚固的合金支架上包着象牙白的优质漆涂，质感细腻，工艺严谨，呈现出钢琴烤漆般的光泽，与精致而时尚的货品交相辉映、融为一体。

值得一提的是，这种货架与最常见的垂直货架有所不同，还呈现出一种线条简洁优美的微梯形，不仅增加了视觉美感，还有效减少了消费者的视觉盲区，使货架低层的商品也能获得关注。

门口的货架，总是优先摆放店内诸如香水产品之类的"明星产品"；靠墙的数面货架则采用储物格的方式，摆放类似日用家具等体积较大的产品；而货架上层，白色的库存纸箱总是排列得整整齐齐。这一独特创意,成功地避免了传统零售行业将最底层作为库存区对空间的浪费,同时营造出简约美观的视觉效果。

在细节方面,名创优品往往也有自己的考量。这些考量通常基于用户体验出发,极类似苹果在交互设计上做出的努力。

最典型的一个例子就是我们常常可以在名创优品门店内的饰品货架旁看到化妆镜的陈列区,这样的设计贴心地方便了顾客试戴后查看效果。

这样微不可察的细节"积土成山",最终"风雨兴焉",让名创优品的"时尚"更具亲和力。

对叶国富和名创优品而言,产品与环境方面的设计是一种商业的艺术,其本身有别于纯粹的商业和纯粹的艺术,却成为将二者无缝连接的关键一环。

名创优品用强大的"设计力"和"审美力",诠释了什么是匠心独具、什么是潮流时尚,也因此在激烈的竞争中越众而出,席卷全球。

名创优品卖的是什么?

卖的是设计理念。

卖的是美学体验。

卖的是"时尚梦"。

4. 卖什么:广交会"潜规则"中收获的战果

如果我们以"你最想知道名创优品哪些秘密"为题设计一份

问卷，那么关于进货方面的问题恐怕一定会排到前几名。

把这个问题具体化，兴许就是：

名创优品的供货商是谁？

名创优品的货源从哪里来？

谁可以稳定供给"又好又便宜"的商品？

对不具备"品牌能力"却拥有着超强"制造能力"的中国市场而言，这些优秀的中国制造商在哪里？

叶国富将答案的线索，锁定在"广交会"。

什么是"广交会"？

广交会，就是广州交易会。事实上它还有一个更具国际化的名字，叫中国进出口商品交易会（The China Import and Export Fair）。

广交会创办于1957年春季，每年于春秋两季在广州举办，迄今已有60年的历史，是中国目前历史最长、层次最高、规模最大、商品种类最全、到会客商最多、成交效果最好的综合性国际贸易盛会。

广交会以出口贸易为主，进口生意为辅，同时还不断开展着多种形式的经济技术合作与交流，以及商检、保险、运输、广告、咨询等业务活动。来自世界各地的客商云集广州，互通商情，增进友谊。

简而言之，这里是中国经济的风向标，也是达到"国际标准"的中国高端制造盛会。

可是盛会的背后，则充斥着纷杂如麻的乱象。这一切，让广交会变成了一座没有硝烟的战场。

大概在任何地方都有"潜规则",广交会也不例外。

从参会的生产商的角度来讲,每年能通过正常渠道分到广交会摊位的企业少之又少。"摊位"作为一个奇货可居的稀缺资源,可谓价格不菲,而广交会上也因此出现了诸多乱象。

例如,倒卖摊位的"探子"会出现在各个展馆,他们的主要任务就是看看哪个公司的展位有意出售、哪个公司明年希望购买展位,从而为自己明年的"生意"做打算。

例如,在供求不平衡的环境下,摊位买卖"行业"蓬勃发展,广交会的"黑市"就此诞生。由于这种"黑市"商人提供的合同不受法律保护,因此中介机构卷款而逃的现象屡见不鲜。

从参会的采购商角度来看,情况似乎也同样麻烦。

对采购商而言,最大的障碍不在市场秩序,而在门槛。

广交会的门槛有多高?

曾经听过一位做生意且深谙其道的朋友说过这样一番话:"广交会是国内门槛最高的展会之一,对于一个大陆居民来说,想要作为观众参加一次广交会很大程度上比大多数国家的签证还困难。"

这番话并非危言耸听,因为在2016年刚刚举办过的第119届广交会上,一位参会的中国集团的美国公司采购负责人就遭到了这样的"冷遇"。他在按照规定填表排队、出示邀请函并提交护照资料之后,却被"卡"在了广交会办理采购商证的服务台,而原因则十分简单:

"您的美国签证不是 H 和 L 工作签,不能办理。"

事后,这位先生在网络媒体中如是吐槽:

"就因为我是一个中国人,持有由于广交会本身工作不细致而没考虑到的工作签种类,导致了不能办理采购商证的事实。然而环顾四周,随便一个外国人,只要手持外国护照,就可以轻易免费办理采购商证。也许一些采购人员需要采购的东西远远赶不上我们公司的采购量,然而他们的外籍身份却替他们开启了一路绿灯。我作为一个持有合理有效证件的中国公民,却无法正常参展。"

最有意思的是,这位来自美国的中国采购商最终还是成功进入了会场,来之不易的"入场券"却不是与广交会工作人员交涉"持久战"的战果,而是选择了一条有些荒诞的策略,即出几百块钱请一位外国人,得到他的签字,冒充他的翻译人员换取"翻译员证",即可入场。

然而"顺利进场"只是深入广交会的第一道门槛,跨过去才揭开了一场暗战的序幕。

对于号称"高端制造盛会"的广交会而言,参会的出口商们往往并不担心没有客户光顾。事实上,他们非但不会如批发市场门店老板一般"热情好客",反而会在采购商中挑挑拣拣,以寻求最佳的合作机会和合作收益。

在如何拉客户的方面,这些出口商中间甚至还流传着这样几句口诀:

"行色匆匆的不拉——赶路的;"

"拖免费箱的不拉——收集产品册的;"

"有老有少的不拉——来感受气氛的;"

"只有女性的不拉——冲着撤展尾货来的;"

"左顾右盼的不拉——问路的;"

"单枪匹马的不拉——来忽悠的;"

"特别年轻的不拉——同行刺探'军情'的。"

……

对于广交会的外贸供货商而言,还多了这样一句挺"有趣"的"拉客心法":

"只有中国人的不拉——赚不到钱的。"

前文已提及,中国的品牌能力差是不争的事实。因此,一旦提及要做内销,往往会遭遇被报高价的窘境;甚至采购团队中有人说中文,就会被一些"只接外单"的企业决绝地拒之门外。

而对另一批不会"一竿子打翻一船中国采购商"的外贸供应商而言,对起订量的要求则成为他们选择客户的"硬指标"。而这项"硬指标",也成为横亘在国内采购商面前的一座大山。

曾经就有一家塑料制品的供应商在 2013 年 10 月的第 114 届广交会上如是拒绝叶国富:"我们的塑料制品专供日本市场,去年一年的订单是 8 000 万美元。"

对方语速很快,语气也不友善,而偏偏对"8 000 万美元"吐字格外清晰。言下之意就是:"如果起订量的金额太少,就不必谈了。"

于是,带着采购团队"杀"入第 114 届广交会的叶国富,在意料之中的"首战失利",被这些"奇葩"的"潜规则"给了个恶狠狠的"当头一棒"。

然而叶国富坚信,只有一流的供应商才可以生产出一流的产品,才能完美地契合名创优品优质的生活理念。这些外贸供货商的制造标准却往往高于内销工厂,因此他依旧把广交会外贸供货商这块"硬骨头"当成主攻对象,誓要找到"突破口"。

第二次,名创优品的商品总监窦娜到广交会的一个工厂展位参观,那家工厂的牙刷做得很漂亮,老板警惕地对她说:"你是来学习的吧,是不是比你们家的做得漂亮?"窦娜不说话,指了指旁边的翻译,用英语跟他讲,老板马上很热情地报价。

叶国富学聪明了,他对此开玩笑地说:"在广交会,装哑巴是上等人。"

不接待中国人?叶国富便派出翻译和日本伙伴出面谈货源、聊生意。

不想做内销?那么就采用迂回战术,先谈日本门店的采购事宜,力求建立稳定的供应关系,稍后再与之商讨中国门店的进货事宜。

叶国富要兑现他的诺言,将中国最好的"制造力"和国际最好的"品牌力"结合在一起,让新思路打开新天地。

如今,叶国富已经不必再为名创优品如何取得最好的"制造力"而忧心,甚至从第117届广交会到2016年4月的第119届广交会上,名创优品实现了由"采购者"到"参展者"的蜕变。

精致灵动的名创产品和简洁明亮的展厅设计,吸引了诸多商家驻足。

凭借着得天独厚的高人气,名创优品在广交会上收获了来自各国商家的好评与赞许。

名创优品卖的是什么?

卖的是商业头脑。

卖的是解决问题的策略战术。

卖的是能人所不能的魄力和智慧。

5. 卖什么:"山寨"还是"品牌范儿"?

2015年下旬,一篇文章在各大媒体和社交网站爆红,题目为:《"名创优品"被揭老底,90%为山寨货》。

文中以时下热门的"扒皮"二字为关键词,"有理有据"地将名创优品的"山寨货"一一曝光,并且"贴心"地制作了与原版产品的对比图文。

例如,名创优品推出的保湿喷雾从外观设计方面与雅漾推出的一款保湿喷雾如出一辙;

例如,名创优品一款时下热销的护肤品与屈臣氏旗下的一款护肤品"巧合"地"撞了衫";

再如,名创优品一款蓝色瓶身包装的洗面奶,竟然与日本品牌资生堂旗下的洗面奶设计思路"不谋而合",甚至其瓶身的主要logo居然只是对资生堂的洗面奶瓶身图案做了一个简单的"垂直翻转"。

此文一出，引起骂声一片。

甚至有不少人顺理成章地将名创优品与"哎呀呀"联系在一起，将二者一起划入"无节操"的"N元店"范畴。

当然在这点上，名创优品的确和"哎呀呀"有着千丝万缕的联系，然而这种联系却与"廉价"和"低端"无关。与二者相关联的，则是被我们在前文提及数次，至此却可能已经要遗忘殆尽的"快时尚"模式。

我们曾经说过，"快时尚"指的就是在服装市场上，对服装秀场设计的快速回馈和模仿，并且以较之高端秀场更为亲民低廉的价格出售。

有一种更简单粗暴的描述方式就是：把T台上的时装"扒"下来，替换一下材料、微调一下设计、改动一下定价，卖给顾客。

放在饰品方面，"哎呀呀"的时尚买手就担当起了这么一个"扒"手的角色。当然，此"扒"非彼"扒"，她们"扒"的是时尚的产品设计。

若是将这种"套路"放在日用百货方面，便成了如今的名创优品。

也许有人会问："看什么好就做什么"是中国品牌的"惯用套路"之一，为什么通过这种模式取得成功的却少之又少？

想解答这个问题，兴许在已经高度发达的服装行业，我们能找到答案。

2015年10月23日，福布斯全球富豪榜首座换人，一位新的全球首富诞生。

虽然因为欧元汇率和股价的波动，这位新晋首富只做了一天的全球首富，但是却吊足了大家的胃口，一时谈资四起。

他不是比尔·盖茨，也不是巴菲特，而是一个对全球来说都略显陌生的名字——阿曼西奥·奥尔特加（Amancio Ortega）。

而说起他的首富之位，则在很大程度上归功于他于1975年创立的快时尚服装品牌——Zara。

除去都选择了快时尚战略以外，Zara与名创优品最为类似的，便是二者都烙着一个洗不去也甩不掉的、名为"山寨"的"深刻"烙印。

事实上在很早之前，Zara就已经有这样一个挺长的称号："专门抄袭奢侈品大佬的品牌。"另一个缩略版的别称则是："大牌山寨。"

这个"雅称"来源于一个有趣的现象，那就是：在电视上看完"大牌"的T台秀并发现了心仪的款式之后，稍等一周，再出门去"扫荡"一遍处于各个商场角落的Zara，就可买到类似款式。而且，大多数的年轻女孩都对此心照不宣。

这样的设计方式为Zara节省了大量的设计成本和试错成本。毕竟众所周知，诸如LV之流的奢侈品品牌在设计上投入的、动辄数千万美元的高昂成本在普通人中堪称"天价"。

而Zara的设计师所承担的工作则更像是"哎呀呀"的时尚买手，他们是体力劳动者与脑力搬运工的集合体，尽管不会成为品牌的代名词，却花费大量时间出入于各大品牌的秀场或各地的时尚潮流区域。

作为一个因"山寨"而为人诟病的服装品牌,"嚣张"地将门店设立在各个城市最繁华地段的 Zara 却没有因"珠玉在侧"而自惭形秽,它疯狂地扩张着地盘。依靠个性的橱窗布置和世界名模的海报展示,Zara 在自己的地盘上玩起了"快广告"的游戏:纽约的第五大道、巴黎的香榭丽舍、上海的南京路、北京的王府井……

Zara 的"高调"替品牌本身为顾客营造出一种"高端大气上档次"的时尚氛围,使大众对它也约定俗成地形成"高端设计、中端价位"的印象。这是让 Zara 最为喜闻乐见的评价,也正是他们期待中的效果。

相比之下,擅于"模仿"与"山寨"的中国制造业则显得有些生涩而笨拙。曾经遍布中国大街小巷的各种形状的"鳄鱼"足以说明问题,与高端品牌"音同字不同"的中国品牌使人们对中国人的"山寨"行为印象深刻。

让人惋惜的是,这些"山寨者"更多地关注于国际大牌的商标设计,而忽略了大牌们最核心的产品设计,并试图通过品牌名称的类似将消费者"诓"入门店做个"一次性买卖":情愿顶着触及大牌们核心知识产权——"商标"的风险,也不愿意在无法量化的"创意"方面下足功夫。

Zara 虽然"山寨"到全球皆知,但任谁也不会将 Zara 这个名字和其他品牌联系到一起。

如果我们为名创优品做一番探讨式的"洗白",那么我想,号称"山寨大王"的名创优品,成功之处也正在于此。

无论是"被抄袭"的雅漾保湿喷雾、屈臣氏的自研产品还是资生堂的洗面奶，无一不是其对应品牌下的明星产品，而且追捧者甚众。这些产品在名创优品店里"纯属巧合"的"雷同"，从某种程度上体现了名创优品敏锐的商业眼光、精准的产品定位以及将注意力锁定在产品本身的核心理念。

名创优品做的就是"名创优品"，它不是"某漾"、不是"某某氏"，也不是"某某堂"，抛开道德层面的批判，"集大家之所长"和"站在巨人的肩膀上"倒成为分外切合名创优品的一个形容词。

与 Zara 一样，名创优品高调地将"自己独创的品牌"和"大众买账的设计"一起推向全球，以"高配低价"和"快时尚"中的一个"快"字占尽先机。

再反观名创爆红之后层出不穷的"某优""某品"，这些品牌积极贯彻着最简单的"拿来主义"，从以"品牌名称"为主的外在形式上进行效仿和"山寨"，却诞生出无数质量和设计都不过关的产品。

那么，名创优品真的是一个山寨品牌吗？

无论从支持该言论还是反驳该观点的角度来看，我们都没有确切的证据，妄下断言就是不负责任的行为。

众所周知，名创优品有上万种商品，目前在网络上炒得沸沸扬扬被冠以"山寨"之名的产品不过个位数。因此，对于本节开头所提及"90%为山寨"的字眼不免有恶意抹黑之嫌。然而这些被称为"山寨"的产品在外观包装上所凑成的惊人巧合，又让我们无法言之凿凿地说这些产品完完全全就是原创设计。

但是对推崇"快时尚"模式并且着眼于产品本身的叶国富而言,确确实实地将批判者眼中的"山寨",做出了高端大气的品牌气质。

名创优品卖的是什么?

卖的是把"快时尚"嫁接到"日用品"的商业模式。

卖的是以产品为中心的核心理念。

卖的是"品牌范儿"。

6. 卖什么:爆款!爆款!爆款!

名创优品的门店里有个很有意思的现象,那就是任凭货架上的商品多么琳琅满目,每一款精心设计的产品往往都只有一两个型号,而在名创优品目前的3 000多个单品里,可以说款款如是。

显而易见,在产品的选择上,名创优品放弃了传统意义上"大而全"的策略,而是在产品型号和款式方面做足了"减法",用叶国富的话来说就是:"我们要做爆款,而且我们只做爆款!"

那么,什么是爆款?

提到爆款,我们难免会想到"烂大街"的"淘宝货",外表美观价格低廉,如果放在服装界,它的直观体现就是"出门处处撞衫"。举一个更具体的例子,优衣库推出的摇粒绒产品,在1999年前后就是名副其实的"爆款"代名词。事实上,优衣库也一直以"爆款"作为每一款产品的设计目标。

在这里,我突然想对之前"时尚梦"一节里的"时尚"二字做一个引申。

如我们之前所言,"时尚"指的是"在我们所处的时代背景下,在一定时间段内被我们尊崇的事物"。

然而常常被我们忽略的是,在心理学方面,也有一个对"时尚"的定义:

"时尚又称流行,指的是在一定时期内社会上或一个群体中普遍流行的,并为大多数人所仿效的生活方式或行为模式。时尚既体现在物质生活(如衣、食、住、行)方面,也反映在精神生活(如文化、娱乐、活动)方面。"

简而言之,时尚就是流行。

超流行的流行,就成了爆款。

而爆款的前提,一定是时尚的。

应了"时尚"二字的限定,一个爆款产品的生命周期便与潮流动向息息相关了,从而使大多数"爆款"都最终无法抵抗"昙花一现"的以繁华开场、以悲剧结尾的命运。

但对于商家而言,只要一个产品的"款"够"爆",即便潮流走得再快、生命周期再短,这个"爆款"产品的交易量也往往抵得上全年的奔波辛劳,甚至有可能会让一个原本不大起眼的平凡品牌脱胎换骨,从不为人知到受万人注目。

这就是爆款的魅力。

然而打造一个"爆款"绝非易事,有的品牌"终其一生"也未能得其要领,可名创优品却实打实地打造出了一座"爆款集中营"。

那么，它是怎样做到的呢？

有人将爆款产品的打造看作是营销战场上的比拼，放在电商领域，就是绞尽脑汁地导入流量、利用从众心理大肆购买好评……

而放在实体零售行业，则不外乎是天花乱坠的广告和花样百出的促销手段。

在名创优品看来，想打造爆款，营销固然重要，可问题是并非每一款产品都具备成为爆款的先天基因，盲目地在营销上大费周章，其结果往往只会是"竹篮打水一场空"。

因此，名创优品将99%的精力都投入在了爆款产品的研发上，并且研究出了一套"独门秘籍"。我将之总结为"三大要诀"："一叶知秋""优胜劣汰""破釜沉舟"。

【1】一叶知秋

既然与时尚相关，爆款产品的研发就涉及打造爆款的首要先决条件：审美趋势。

关于在这一点上名创优品所付诸的努力我们在前文已花费过颇多笔墨，因此这里不再赘述。

然而抛开审美不谈，摸准潮流的走向却十分重要。换而言之就是：当下人们最需要什么，都在追捧什么。

在对潮流走向的把握上，名创优品的反应速度之快，完全可以媲美以淘宝为代表的互联网电商。

非常典型的一个案例发生在智能手机普及之后接踵而来的自拍大潮的兴起，以及所谓的"网红时代"的到来。于是，自拍杆的需求大幅提升，而众所周知它是2015年公认的爆款产品。

然而令人始料未及的是，在以速度著称的淘宝店铺尚未大面积到货之时，名创优品却以迅雷不及掩耳之势上新了一批价格低廉且造型美观的自拍杆。相比于后来淘宝店内动辄60～200元价位的自拍杆，名创优品的自拍杆不但设计时尚、包装精美、品牌概念鲜明，且仅售20元左右，完全符合了爆款商品基因中必不可少的两大要素：特色、廉价。

此商品一出，就连原本对名创优品不屑一顾的颇多消费者都忍不住慨叹："值得一买！"

自然而然，在爆款自拍杆的打造方面，名创优品收获了巨大的成功。

论起其成功背后的秘密武器，则与"哎呀呀"有些类似。那是一支由数百人组成的更为庞大的时尚买手团队，分驻美国、丹麦、日本等地，搜罗全球的时尚信息。

他们的工作并不简单，既要实时关注网络上的热门时尚动态、分析通过流行趋势公司发布的流行趋势报告，又要奔波于全球各地的展会和商场，甚至通过研究路人的行为举止穿着打扮去预测潮流趋势。要知道，世界知名的奢侈品品牌阿玛尼（Armani）的创始人、时尚设计大师乔治·阿玛尼（Giorgio Armani）就曾有着通过观察街道行人分析潮流趋势的习惯。

他们要敏锐，要尖刻，要犀利，要准确，要一针见血，要见微知著。

而对于一个品牌来说，这种以小明大、"一叶落而知天下秋，一果熟而知万物硕"的能力，是打造爆款的前提，也是创造出优秀设计的坚实后盾。

【2】优胜劣汰

优胜劣汰，物竞天择。

这是达尔文进化论的一个基本论点。

放在对产品的把控上，似乎很好理解，无非就是"好的留坏的走"。然而在产品设计领域，却偏偏就有那么一种挺普通的心态，称作"敝帚自珍"。

这就使得在分辨"孰优孰劣"上，不那么客观了。

而对于更多品牌来说，一款自研产品的研发过程往往都是费尽心血、投入了不少人力财力。例如，我们前文曾提及的那款成为名创优品明星产品的芒果果饮，为了研制出优美时尚的瓶身，名创优品筛选了差不多 50 家玻璃厂和 80 家灌装厂，才最终得以成功量产。

对于这样精心打造并批量生产的产品而言，如果因为顾客不买账就被强行下架，企业所要承受的"痛楚"无异于剜肉削骨。

然而名创优品在这一点上的果决，则体现了它势要打造名副其实的"爆款集中营"的决心和信念。

在叶国富看来，所有产品都摆在门店，卖得怎么样一目了然。因此他刻意避免了因过多关注产品本身而导致的感情用事，只凭借数据说话。当门店每 7 天的销售情况反馈出哪些产品畅销、哪些产品滞销后，名创优品便立刻大刀阔斧地执行"末位淘汰制"，非但淘汰销量排在末位的商品，甚至常常连着产品跟不上的供应商一同淘汰。

这种通过顾客和市场检验产品，以周为周期整改产品的行为体现了名创优品在产品研发方面的一种新思路。它已经将由制造商到消费者的一个供应过程，转变成由消费者到制造商的一个反向过程。

只做顾客喜欢的产品！

这，就是打造爆款产品的核心。

【3】破釜沉舟

我还记得读高中的时候，我们那位担任班主任的男数学老师常把一句话挂在嘴边："你们得学会逼着自己做事。"

当时听得耳朵生茧，致使我现在还记忆犹新。只不过这番听上去说教意味明显的言论时至今日我才有点懂了，说的无非就是做事的态度和做事的决心，即不给自己留有余地，便能在生死一线爆发出最大的潜能。

这导致我在今天试图去解读名创优品的成功路的时候，总是没由来想到这句话。

如何打造爆款产品？

叶国富说："逼自己。"

通过他的另一番话，我们可以知道一个"逼"字背后的含义："哪怕当时只有一家店，每一个单品我仍是以万为单位下订单，同时买断制供货，卖不卖得动与供应商无关，把所有的压力都放在我们自己身上，但也正是这种压力倒逼我们自己在开发产品时要下足苦功，确保每个都是爆款，超高性价比。"

叶国富赌的是规模效应，规模效应依赖于爆款产品，"买断制"

实现了爆款"低价"的有利条件，同时也断了产品研发失败的后路。在这场"非生即死"的考验里，在产品设计和研发方面绞尽脑汁是使他胜率大增的关键。

正是这种破釜沉舟、只许成功不能失败的态度，使得名创优品接二连三创造出爆款神话。其中的著名案例数不胜数，比如名创旗下一款眼线笔产品利用一年时间全球销量超过一亿支的销售传奇。

在打造爆款方面，我钦佩叶国富的勇气和智慧，无论是"一叶知秋""优胜劣汰"还是"破釜沉舟"，无一不体现了名创优品对极致的追求。而从某种角度来看，这种"极致"甚至带着些"极端"的色彩。

这倒是印证了这么一句趣言："成功者都是偏执狂。"

从这一点来说，名创优品，大多数人都学不会。

名创优品卖的是什么？

卖的是：爆款！爆款！爆款！

7. 卖什么：超预期！

"预期"和"成交"之间的关系密不可分，"预期"讨论的是顾客的心理需求和对某款产品的心理期待值，而当这款产品满足了顾客的"预期"时，"成交"行为就产生了。

事实上，我们希望提供给顾客的"预期"往往与品牌理念吻合。以名创优品为例，这种"预期"就是："高质低价。"

然而我们不得不正视的一个问题却是：顾客的"预期"和因这种"预期"而引发的心理活动往往带有强烈的主观色彩，在这种主观色彩的影响之下，诸多优秀产品可能会面临"含冤莫白"的遭遇。

说至此，想必有些线下商家已经颇有感触。而对于名创优品来说，这种例子更是不胜枚举。

名创优品曾经在门店内上架过一款小巧精美的智能直升机玩具，我曾在朋友圈见过朋友试飞该玩具而拍摄的照片，其外观的精致程度让人怦然心动。然而当我想从名创优品购买一台一样的飞机玩具的时候，却被告知：该商品已经下架了。

而下架的原因则很有趣：因为这款小飞机在消费者不当的操作下容易出现故障。

如上所述，小飞机容易造成故障的原因是"消费者操作不当"。据调查，它们主要是因为操作者在操作过程中由于缺乏操作经验而使得飞机快速从半空坠落引起。

在诸多消费者的投诉中，这款可爱的小飞机则变成了"替罪羔羊"。因为纵然客服人员耗费多番口舌，消费者们仍然固执地认为这款小飞机"容易"损坏的原因是它"太便宜了"。

可如果他们在另一家高端品牌花费大量金钱买到一款一模一样的小飞机，那么小飞机一旦损坏，消费者中则会有大概率承认是自己操作不当导致的。

这种带着明显的"一分价钱一分货"的歧视观念显然与名创优品品牌所要强力打造的"优质低价"相违背，不利于塑造品牌特性。

因此，名创优品决绝地将这款无辜的小飞机玩具下架了。

因为，名创优品要保证门店里的每一款产品都能尽量地符合顾客的预期。

这很好，但是还不够。

因为在符合预期之后，名创模式强调的另一个观念是：超预期！

那么，什么是真正的超预期？

在把话题引向名创优品之前，我要讲这样一个小故事。

天津有条意式风情街，当一名山西的朋友携着一袭风尘乘火车千里迢迢来我所在城市看望我的时候，由于火车站离风情街不远，我们便决定去那里新开的某家西餐厅吃午饭。

意式风情街属于旅游区，想当然地，里面的餐厅消费一定不便宜。

因环境而带来的印象迅速占据我的脑海，并替我降低了对这顿饭的"心理预期门槛"。

然而，当抱着被大宰一顿心态的我们看到菜单上连一个三明治的价格都被标注在300元以上的时候，我的朋友还是忍不住与我对视一眼，彼此会心一笑，心下的想法想必不约而同都是："太贵了，未免不值吧。"

这种"物不及所值"的念头使得这款三明治"产品"还远达不到我已经降低了不少的"心理预期门槛"。

值吗？很不值。

这份菜单被从头翻到尾，又从尾翻到头，最终我在某一页的角落里发现了一款海鲜意面，而价格仅售 130 元。

130 元一盘面，贵吗？贵。

但是当我再次回顾那款三明治"产品"的时候，有了"物不及所值"的对比，这款海鲜意面"产品"看上去顿时好多了，勉勉强强达到了我的心理预期。

值吗？还可以。

至此，我的"心理预期门槛"已经低至极限，毕竟这家餐厅连一份三明治都要 300 元，我能指望一份便宜了一半多的意面给我带来怎样"奢华"的体验呢？

最终，朋友也选择了一份同样为 130 元的香肠意面。

而等到上菜时我们才发现，我的那份海鲜意面里竟然包含两只大虾、五六枚蛤蜊、一块鱼和两只带壳蟹脚；至于朋友的那份香肠意面阵容则更为"豪华"，一盘面竟然包含了四五种做法各异的德国香肠，配着嫩绿的芦笋，看上去鲜美可口。

再尝一口，味道浓郁，齿颊留香。

味道比预想的好，分量比预想的多。

值吗？超值！

这就是一个有关"超预期"的故事。根据这个故事，我们很容易从作为一个消费者的主观臆断里找出打造"超预期"产品的关键点。

环境会带给顾客价格高低的暗示；

参照商品会带来一个衡量价格高低的标杆；

商品价格会影响消费者对商品的期待值。

这样一来，打造"超预期"的方法呼之欲出，说起来无非是三个"对比"：高档环境和低档价位的对比、高价商品和低价商品的对比、低档价位和高档质量的对比。

这种对比越强烈，所带来的"超预期"体验便越具备冲击力。

这是什么？

这实质上，就是**强反差**！

一家门店偏爱开在高端商场却均价10元——这是高档环境和低档价位的强反差；

一个品牌设店时往往喜欢混迹在国际奢侈品大牌之间，与其比肩而立，价位却比后者低至数百倍——这是高价商品和低价商品的强反差；

一支眼线笔拥有10元的"地摊售价"却具备美宝莲专柜品质——这是低档价位和高档质量的强反差。

这就是名创优品。

名创优品卖什么？

卖的是"三个对比"！

卖的是强反差！

卖的是超预期！

8. 怎么卖："3对理论"和"5步理论"

讨论完"卖什么"，我们再来讨论"怎么卖"。

事实上，关于这两者长久以来都有个挺有趣却饱受争议的观点，那就是：卖什么不重要，怎么卖才重要。

而佐证这个观点最"著名"的一个故事就是：如何把梳子卖给和尚？

如果我没记错，这个故事大概讲的是：

一家梳子公司招聘销售人员，候选人有甲、乙、丙三人，而面试题目就是：把梳子卖给和尚。半个月后，三人归来。

甲说："我将一把梳子卖给一位头痒的和尚用于抓痒。"

乙说："我劝说两家寺院购买了十把梳子用于提供给香客。"

丙说："我在梳子上刻了祝福语，继而说服寺院大量购买用于出售给香客，卖出了1 500把。"

当然，这个故事是想表彰丙的双赢理念和经济头脑。然而这个故事还是太理想化，也许丙是一个优秀的销售人员，可是抛开故事中设定的"面试"环境，如果真的有一家企业试图去做将梳子卖给和尚的蠢事，一定"难有善果"。

即便你今天成功地把梳子卖给了和尚，那么明天你是否能把电暖气卖到非洲最炎热的地带？后天你是否能把冰箱和单冷空调卖到西伯利亚？

而对任何一个有过产品研发经历的朋友来说，恐怕都不会认为丙所出售的"刻字梳子"与之前的"梳子"是同一款产品。在产品的设计和研发方面，"白马非马"绝非诡辩，多一丝或少一毫的制作工序都可能导致一款产品在被市场接纳方面的天差地别。最简单的例子就是那款让名创优品煞费苦心换掉数十厂家才研发成功的锥形瓶芒果果饮，如果把那种设计感极强的奇特玻璃瓶身换作普通的玻璃酒瓶，这款同样可称为"玻璃瓶装芒果汁"的产品还能在与消费者见面后连番创造销售奇迹吗？

因此，诸如"面试"之类的假设性前提可以使整个故事变得稍显合理，用作销售人员的培训教材也有些借鉴之处。然而这却绝对无法成为"卖什么不重要，怎么卖才重要"的论据，因为迷信营销只会让一个品牌陷入泥沼。

如我们所言，"怎么卖"不是万能的，可不知道"怎么卖"的正确方法却是万万不能的。

在这一方面，名创优品无疑是个优秀的榜样，我将它的做法称为："3 对理论"和"5 步理论"。

【1】3 对理论

简单来说，"3 对理论"指的是：对路、对味、对价。

对路，即"走正确的道路"、把对的产品卖给对的人。说得更通俗点，那便是：放弃把梳子卖到寺院的想法，而选择去理发店试试。

人们购买产品的原动力只有两个字："需求"。

有人说，消费需求是可以培养的。

可是叶国富说："试图培养顾客的消费需求是愚蠢的。"

因此有别于绝大多数的零售门店，名创优品"战斗"在门店一线的员工只有"店员"和"店长"之分，而没有"导购"的概念。

这些店员们在看护商品整理货架之余，既不会巧舌如簧吹得天花乱坠"忽悠"进店的消费者尝试或购买某款商品,甚至还被要求:不能打扰消费者购物!

记住,不要受消费领域"心灵鸡汤"的蛊惑。对于一个品牌而言,我们没有过多的精力、人力和财力去培养甚至逆转每一位消费者的需求,正如同我们没法让"用梳子抓痒"成为每一个和尚的需求,我们也更不可能让男士们涌动起使用卫生巾的需求。

基于对顾客群体的定位,名创优品出售会引起年轻妈妈们注意的婴儿奶瓶,却不会出售专供老年人使用的拐杖;名创优品会出售可供女性清理剃腋毛兼可供男性剃须的安全刮毛刀,却不会出售仅可供男性使用的电动剃须刀。

名创优品长久以来始终努力尝试着以优质的商品和低廉的价格培养顾客的消费"习惯",却在顾客的消费"需求"方面绝不跨越雷池半步。

对味,即"符合消费者的口味"。说到这里,我倒是有一个亲身经历过的例子。

2016年年初,有位云南的朋友邮寄给我一箱号称泰国原装进口的美汁源橙汁饮料。与国内超市常见的美汁源果粒橙相比,这种玻璃瓶装的"升级版"饮品握在手里沉甸甸,然而瓶内的液体除了看上去没有"果粒"以外,似乎和一般的橙汁没有什么区别。可在我尝试第一口之前压根不会想到,它竟然与我印象里的美汁源橙汁的味道天差地别。

它味道浓郁、别有风格,可过甜的口味对我这种非甜食爱好者来说几乎是一场灾难。

那一瞬间我还真的有点想不明白：都是美汁源，怎么差异这样大呢？

事实上，作为最能直观体现"对味"这一说的饮品行业而言，品牌和研发厂家往往会为不同的国家调配不一样的配方，甚至在同一国家的不同地区也会有所差异。"众口难调"是亘古不变的客观事实，因此为了解决这个问题，饮品企业们往往采取"配方微调"的策略消弭地域差异以保证销量。

"对味"的问题放在其他行业似乎显得不那样敏感，特别是在产品研发上越通用、越大众的品牌看上去就越不必担心这个问题。然而以"基本"和"大众"为原则的优衣库却提出了截然不同的看法："越是做基本款，就越要注意品牌覆盖地域之间的差异。"

而对于名创优品来说，结合地方特色推出不同种类不同设计的产品早就成为其基本战略之一。前文我们花大量篇幅讲述过的、名创旗下的香水产品就是个绝佳的例子。除此以外，名创优品还将"通过调整商品结构消弭店铺差异性"的做法细化到了每一家门店。例如你昨天路过某家学校附近的名创优品可能会看到大片色彩绚烂的马克笔陈列墙，然而却在另一家位于某商场的门店内除了笔记本之外几乎找不到任何其他文具。

"因地制宜"是名创优品的基本理念，也是其对"对味"二字的最基础保障。

对价，即"价格合理"。从一般意义上来讲，"价格合理"的参照标准往往依赖于市面同类产品的平均价格。而对名创优品来说，它对"价格合理"的说法有一套自己独特的定义，恰如我们已经知道的，那便是毛利润只有8%的超低价。这是名创优品对"对价"二字的全新解读，也是品牌的核心精神之一。

那么，"3对理论"的检验标准是什么呢？

如何能知道我们的"3对理论"真的卖"对"了路，卖对了"味"，卖"对"了价呢？

对名创优品而言，其"质检"方法便是叶国富提出的一个"5步理论"。

【2】5步理论

5步说的是哪5步？

叶国富说："5步指的就是从收银台到门店大门口这5步。"

叶国富还说："这5步，就是决定商业成败的核心。"

因为对这"5步"的苛求，叶国富变成了一个喜欢逛街的人，可他逛街恰如"姜太公钓鱼"而只逛不买。他逛街的目的，就是在各个品牌的门店内观察消费者在这"5步"之内的面部表情。

对此，叶国富还专门发明了一个词，叫作"顾客表情指数"。

在他看来，一名顾客埋完单到走出店门的五六步之间，如果一边翻看购物袋里的商品一边面露喜色，说明购物体验愉快，购物"战果"称心如意，这也说明你的商业模式可行。而如果面无表情、对购物袋内的商品视若无睹或者面露难色，说明他对这次购物产生怀疑。

说到这里，我不免又想起了叶国富曾就"做企业"一词发表的观点，简单粗暴却字字珠玑：

"做企业其实没什么高深的理论,最本质的就是洞察和满足顾客。"

9. 怎么卖:低廉售价和高昂租金

没有人能永远不败。在各行各业,这句话都是至理名言。例如,小仲马的"退稿"、祖冲之的"失算"、千里马的"马失前蹄"……再如,被名创优品视作"标杆"的优衣库,在算不得久远的一段历史里,曾是屡败屡战的典范。

矗立着胜者的山巅总是光芒万丈,来路却总是道阻且长。

优衣库早年在海外的惨败鲜有人知,若是分析其背后的原因,其中最简单易懂的一点便是:"不够高端。"

要知道,早期的优衣库在美国都是开在郊外的购物中心,数家店铺次第开张,打击却接连不断,因而不得不一次又一次灰溜溜地退出美国市场。

那么,这种局面该靠什么扭转呢?

优衣库发言人如是回应:"我们的注意力正在转向大型城市,在那里我们可以开设大门店。"

而柳井正则说得更为直截了当:"优衣库品牌渗透到纽约、旧金山、芝加哥等大型城市是很好的举动,但是不能再进驻城市郊区。"

没错,从"郊外"走向"市中心"是优衣库在选址设店方面的重要决策。

与背着"山寨"恶名却专拣高端繁华地段设店的 Zara 一样，优衣库为自己走向世界的门店做了一个高格调的包装——全球旗舰店。

类似 Zara，这种所谓的"全球旗舰店"的设店首选便是各大都市繁华地段的黄金位置。它们的店面面积往往很大，至少是标准店的两倍以上，而与之配套的则是优衣库专门为其制定的最高水平的产品营销策略与视觉营销策略。

出于对文化差异的考量，曾在美国数次折戟的优衣库没有选择将全球最大的旗舰店开在欧美地区，而是设在了位于上海的淮海路商业街。这家旗舰店的营业面积超过 8 000 平方米，分为地上 5 层和地下 1 层，被一些顾客戏称作："优衣库宇宙旗舰店"。

"要开就开得轰轰烈烈"是柳井正的设店原则之一，因此设店的城市要大、设点的地段要贵，贵族气质和王者风范缺一不可，前期的"败金"和"吸睛"必不能少。而它们，都成为后期让门店"吸金"的原因。

这也恰应了叶国富的一句话："门店是品牌最好的广告。"

那么，这是不是就意味着，"繁华都市"和"昂贵地段"就是实体零售行业在选址方面的重要风向标呢？

当然不是。

"因材施教"是种美德，"因地制宜"是种良习。为了避免"变橘为枳"的悲剧，确定自己究竟要种"橘子树"还是"苹果树"成了当务之急，而根据品牌本身的定位和特色选择"土壤"也成为重中之重。

·04· 实体零售已死？瞎掰！——关键是"卖什么"和"怎么卖"！

非常有趣也非常成功的另一个例子则是世界上最大的连锁零售企业：沃尔玛百货有限公司（Wal-Mart Stores）。在选址方面，有别于优衣库的"进城策略"，沃尔玛为自己制定了一套独有的"下乡方针"。

1962年，山姆·沃尔顿在他的家乡创办了一家小小的杂货店。经过反复思考，善于琢磨的老山姆决定采用"薄利多销"的形式开启他的"致富路"。很快，他便发现那时美国流通行业的平均毛利率是45%。老山姆决定大幅降低利率，打造平价杂货店，以期创造可观的销量。

于是，"天天平价"成为沃尔玛的创办理念以及老山姆的座右铭。

然而平价归平价，沃尔玛"平了价"，地租和其他成本却不会因此而为它降低一丝一毫的门槛。对于老山姆来说，售价越低则风险越大，这种打破其他连锁店盈利规则的模式究竟是赚是亏只在一线之间。

于是，老山姆再一次陷入沉思。考虑良久，他终于得出了一条结论："只要便宜一百美元，美国人或许就会愿意开车到十英里以外。"

所以，老山姆放弃了在市中心的精心选址，而是在稍显偏远的城郊找到了一个废弃的旧仓库，继而把所有的成本都降到了最低。

这样一来，即便毛利率只有其余连锁店的一半，他也总还是能有几个点的净利润。

就这样，沃尔玛踏上了席卷全球的征程。三十年后，它成了世界第一。

无论是优衣库的"进城策略"，还是沃尔玛的"下乡方针"，都是利用精准合理的选址取得了巨大的成功。

对于名创优品来说，在选址方面的策略更接近于优衣库。而除了"以门店为广告"、营造高端氛围的目的之外，名创优品也有其独特的考量。

我们前文曾经提到过，名创优品将其客户群锁定为18～35岁的学生和小资白领。但纵然目标明确，名创优品在创办初始却也遭遇了猝不及防的失败。

2013年，名创优品的第一家名创门店在广州花都建设路步行街隆重开业。步行街花天锦地、人流如织，但叶国富期待中的门庭若市的情况却并没有出现，门店遭逢的冷遇让他大跌眼镜。

非但不见人头攒动的景象，即便是愿移"尊驾"进店的顾客，也不过是看热闹的人多、买东西的人少。更让叶国富心寒的是，大多数人在看罢店内的商品后，又随手丢在了陈列架上。

从早到晚一天下来，预期的6万元销售额竟然只完成了1/3，仅有可怜的2万元。

消费者不埋单，这对名创优品和叶国富而言，都是致命的打击。

为此，叶国富连夜召集高层开会，坐在一起共同商讨应对方案。大家普遍认为名创优品的商业模式具备可持续性，顺应了中国消费市场升级的机遇，可谓前景大好。因此，问题并非出在名创优品的定位方面,而是出在如何被消费者认同方面,关于选址的考量迫在眉睫。

于是,叶国富决定拿出一个亿的资金用3个月的时间在全国开始测试和摸索名创优品的门店开在哪里最合适。

继而,三四家作为实验品的名创门店开张了,位置分别选在高档商场、小型商业街、社区以及城乡接合部。

有不少人曾以为消费水平低的地方人们更热衷于购买低价商品,然而事实却恰恰相反,位于租金不菲的高档商场的门店销售额遥遥领先。

我们曾说起过叶国富的理想,其中有一条便是:"让中低收入人群也可以轻松享受优质产品。"

然而,恰恰就是这些中低收入的消费者对名创优品的低价位不买账。

至于原因,其实我们在前文已经有过很多分析,其一是在中国"一分价钱一分货"的观念深入人心,而消费水平越高的购物者越具备鉴别商品的能力,抛开名创优品的"低价",它所展现的高端品质时尚设计更受到"小资一族"的欣赏和推崇;其二则与优衣库有些类似,中低消费圈给人带来"低端"之感,一旦将店铺设立在这些地方,便像是从侧面暗示了名创优品的产品就是"便宜非好货"。

而高端商场给人的印象则恰恰相反,它是"高档"和"优质"的代表。名创优品选址上的"高昂租金"和产品上的"低廉售价"之强烈反差,颠覆了人们对于名创优品卖的是"廉价劣质品"的印象。从某种角度也纠正着人们关于"便宜没好货"的错误观念，用大气又抢眼的门店替品牌本身打出一个又一个卓有成效的优质广告。

在名创优品销量扶摇直上、加盟商们闻风而至的时候，名创优品却向他们提出了明确的选址要求。

【1】首选为一、二线高端商场。

【2】门店位置醒目，可见度强。

【3】店前通道无阻碍且为主通道，客流量大。

【4】店面广告符合企业广告标准，能够吸引顾客眼球。

除此以外，叶国富还"别出心裁"地补上了一条。这一条也恰点明了名创优品喜欢选择高端商场的另一个有些投机取巧的有趣原因，那便是：

【5】门店尽量靠近"快时尚"服饰品牌。

因此，如果我们在逛商场的时候路遇某家名创优品的门店，就不难发现在它的周围总有些打着"快时尚"标签的知名品牌店面，如优衣库、Zara、H&M……而这些快时尚服饰店面，也往往多见于高端商场。

对把服装界"快时尚"路线搬到日用品领域的名创优品而言，此举无异于"借题发挥"。这些快时尚服饰出于行业的不同，并不会成为它的竞争对手，却能为它增加自己的目标客户流动量，可谓高明之极。

毫无疑问，选址是一个"技术活儿"。对一些极具实力的大型企业家来说，这涉及小到一个商圈大至一个国家的人口密度、职业构成、家庭规模、性别比例、活动人口、消费倾向以及区域内连锁网点的呼应布局等详细的数据分析；而对于一些看似"不入流"的小商贩来说，他们甚至也摸索出一套"通过看晚上亮灯数判断入住率"和"通过看垃圾箱高档香烟盒的数量判断男性消费水平"的有趣妙招。

这也恰应了常被一位朋友挂在嘴边的口头禅："**忽视选址就是忽略成功。**"

无论是"舍近求远"还是遵循"就近原则"，无论是开在廉价低端区域还是高端商圈，只有完好地切合了品牌定位和商业策略，才能避免"经营错位"的陷阱，才能蕴蓄人气以提高销量。

毕竟，鞋合不合适，只有脚知道。

10. 怎么卖：重新定义渠道

什么是渠道？

说白了，就是把产品从生产商手上传递到消费者手上的全过程。

在我看来，谈及"渠道"二字总归是个挺沉重的话题，原因有二：其一是传统行业的渠道大多陈旧而沉重；其二是抛开传统行业，在任何领域，渠道都仿佛一副沉重的枷锁，避不开也逃不掉。

放在传统实体零售业，最典型的一个例子就是如我们在前文提及所谓的"后向收费"一段内容时所讲,产品在研发完成之后进入超市或零售店等渠道商的"门槛费",也称为"进门费"。

所谓的"进门费",换来的是上架接触终端消费者的机会。毕竟这些卖场的货架数量有限,市场上的产品却日益丰富,也难怪"门槛费"会水涨船高,支付不起这个成本的生产商就无权进入这些渠道。

然而众所周知,如果一件产品最终不能被摆到货架上面向消费者,前面一切投入就都是"打水漂"。

放在电商领域,这种现象看上去似乎略有好转。毕竟对于"网店"而言,货架数量没有上限,淘宝可以容纳无尽店铺。因此打着"去渠道化"的名头,首批重视电商和搜索引擎的商家尝到了很多甜头。

然而好景不长,一种事物的丰裕必然带来另一种事物的稀缺。当虚拟化的货架可以"无限展开"时,如何在这些"虚拟的货架上"取得最显眼的位置就变得举足轻重。为了占尽先机抢得前排,商家们不得不再次划拨费用投入到渠道中,通过各种竞价排名来换取"流量阀门"的倾斜。

可这也只是渠道乱象中的冰山一角,便更不必说在信息过剩的时代,电商领域内"超"多级分销的乱象和层层加价的戏码。

无论是实体零售业还是电商领域,这种渠道的庞杂所带来的后果都是近似的:利润被稀释,物失其所值。

然而无论是实体零售业还是电商领域,恰如那句我们耳熟能详的"有人的地方就有江湖",但凡存在用户需求的地方就一定会有渠道出现。

面对这种情况，不少人不禁慨叹："酒香不怕巷子深？空话！"

叶国富说："那就把巷子改短！改粗！"

如何改短、改粗？

叶国富提出了如下两点。

其一，砍掉中间商，直接从厂家拿货！

其二，本着"为渠道做减法"的原则，放弃除名创门店以外的其他销售平台，包括电商平台。

于是，名创优品顺利地越过了中间商环节，无情地挤掉了"中间佣金"，直接找到了世界顶级的供应商们。

于是，名创优品心无旁骛，全身心投入于自身门店的建设中去。而除了在名创优品的门店内，我们看不到打着 Miniso 标签的任何产品的身影。

每一种做法都有代价，恰如每一种选择都有理由。于是，问题接踵而至。

其一，在与供货商洽谈过程中，诸如叶国富在广交会上遭遇的"偏见"屡见不鲜，顶级供货商们对国内品牌信誉及能力存疑。此外，在直接与供货商的对接过程中，供货商对起订量的要求也是一座难以逾越的大山。

其二，在一个大多数企业奉行"渠道为王"的时代，选择单一销售渠道的做法会对品牌的影响力和产品力提出超高要求，这意味着名创优品必须获得绝大多数消费者的认同，占据行业主导地位；这也意味着消费者购买的必须是这个品牌而非同类产品，因此为了品牌"直奔主题"，而不去考虑这类产品在哪个渠道购买会比较方便。

无论从哪一点来说，对一个品牌和一家企业而言都是一项艰巨的挑战。

而面对这种情况，叶国富找到了突破口。

那便是我们前文所提到过的——买断制。

这有别于以往的"代销制"，供货商既不用给渠道上缴"上架费"或者"门槛费"，也不用承担本该由销售商承担的销售风险，这样降低了风险的供货商自然而然愿意降低原先为了规避风险而抬高的采购价格，价格虚高的问题就此解决；同时，这种"一手交钱一手交货"、甘愿自担风险的做法显得颇具诚意，有效地消弭了供货商对名创优品的"信任危机"，吸引了越来越多优质的供货商。

例如，一直与麦德龙、宜家等国际大型连锁零售店合作的保温杯供应商——南龙。

作为供货商的南龙与作为销售商的名创优品在形成供应链以后，双方达成共识降低部分利润，以更优惠的价格和更优质的商品让利于消费者，成功地实现了产品销量和口碑齐飞，做到了名副其实的互利共赢。

事实上，我们不难发现名创优品在渠道简化方面的"突破口"选得巧而准。与此同时，形成了这样一种良性循环：

销售商开出优厚条件；优厚条件吸引着优质的供应商；优质

的供应商提供优质的产品；优质的产品使得名创优品变为"明星品牌"；品牌的力量使得消费者团体不断扩张和壮大；消费者队伍的壮大使名创优品最终成为供货商眼中的"强势渠道"；强势渠道继续吸引着优质的供货商们上门寻求合作……

这种良性循环打破了市场上商品普遍价格虚高的现状，同时完美地印证了名创优品"物美价廉"的品牌理念。

产品从生产商传递到消费者的距离有多短？

对名创优品而言，仅有工厂到门店的距离而已。

名创优品奉行着"最简渠道就是最强渠道"的原则，本着"近水楼台先得月"的理念，践行着所谓**"零售"的本质**，那就是：

离顾客更近、更快，这样才能在这场激烈的竞争当中最先跑到终点。

11. "我"的战略：跨界的时代，如何"打劫"？

有人说，2016年最火的一句话叫作："这是一个我毁灭你，**与你无关的时代。**"

这句话是什么意思？

有这样一个问题清单兴许可以回答上述疑问：

你目前更多地通过新闻报刊还是微博热搜获悉新闻事件？

你想批发一批小商品，会选择传统批发市场还是阿里巴巴？

你与亲朋好友日常通信会选择发短信还是微信聊天？

……

每个人的答案大概相去甚远，然而这种"相去甚远"也昭示着一系列呼之欲出的答案：

微博正在干媒体的事；

阿里巴巴正在干批发市场的事；

腾讯正在干通信的事；

……

于是每一个分句的"前者"成了跨行业的"江洋大盗"，"后者"则深陷巨大的恐慌和危机。

我毁灭了你，这与你无关。

这就是2016年常被人挂在嘴边的热门词汇：跨界打劫。

关于跨界打劫，一个十分典型而具体的例子莫过于1975年发明世界第一台数码相机的伊士曼柯达公司。作为一家曾经创造了全球胶卷摄影市场神话的企业，在其巅峰时期甚至占据全球胶卷市场的2/3，拥有员工8.6万名，特约经营店遍布世界各地。

然而就在2012年1月19日，这个拥有131年历史的老牌摄影器材企业，正式向法院递交破产保护申请。这宣告着柯达传奇史诗的终结，也宣告着这家以发明数码相机起家的企业最终被数码时代遗弃了。

有人说柯达"故步自封"的经营策略是其走向末路的主因，可随后佳能和尼康两大专业级相机巨头的日益衰落则让我们不得不尝试去反思另一个层面的因素——传统相机遇到了"劲敌"。

如果我们登录知名的专业照片用户分享社区Flickr，对目前最受欢迎的5部"相机"做一个盘点，结果非常令人惊讶，它们依次分别是：iPhone 6、iPhone 5s、Galaxy S5、iPhone 5、iPhone 6 Plus。无一例外，它们全部是智能手机。

很显然，智能手机干了相机的事。

从某种角度我们也可以说，柯达，是被"跨界打劫者"干掉了。

有人说，跨界的竞争是最彻底的竞争。因为在你的行业里，你在自己认为必须收费的主营业务上下足苦功，可只要有一个跨界者破门而入便可以"站着说话不腰疼"地给出两个大字："免费！"

免费的原因很简单，你自以为要在付费模式上大做文章的主营业务，对人家来说只会轻蔑地说出这么一句话："我们根本就不靠这个活着！"

一个极端的案例就是早期诸如瑞星之流需收费购买的杀毒软件，当360杀毒软件以免费涉足杀毒市场，整个市场便发生了天翻地覆的变化。

在这个奇特的时代，诸如此类的"颠覆"和"逆袭"每天都在发生，"外行"干掉了"内行"、"趋势"干掉了"规模"。

这就是我们所说的"跨界"时代。身处这个时代，被跨界者"打劫"成了每一个企业存在的最大隐患。

在这样的时代里，叶国富谈及生存法则，却只说了一个字："敢"。

"敢于接受挑战"，并且"敢于挑战"。

他是一个野心勃勃的跨界者，也是一个在这场"海盗嘉年华"中玩得风生水起的"打劫者"。

叶国富绝不满足于名创日用百货的成功,当有人将"中国零售业的大坏蛋"的外号送给他的时候,他不仅欣然接受,还为自己新添了一个头衔:"中国旅游业的大坏蛋"。

作为一个"打劫者",叶国富要将名创优品的触角延伸至其他领域;作为一个"思想"和"理念"的贩卖者,不卖"萝卜"的叶国富积极开发着"萝卜"的营养价值,尝试在行业与行业之间打造更强的关联性,建立名创优品更全面的商业系统。而他的第一站,就是旅游业。

2015年年底,一则号称全网唯一最高性价比"999元双飞六天五晚星级泰国游"豪华专线的消息,一夜间刷爆各大社交平台,活动上线不足一小时预订量便超百单,活动上线一周名额已售出3 000份,销售规模直线上升、态势火爆。

当然,这条"来得猝不及防"的旅游专线在大受欢迎的同时,也遭遇着无数网友的质疑:"这么便宜?能信吗?"

这种有些似曾相识的质疑在我们看到所谓的"名创优品国际旅行社"的时候不禁恍然大悟:"原来是名创优品啊!"

事实上,为了进军旅游业,名创优品在"轻描淡写"抛出这个超低价位之前可谓做足了努力:

它收购了一家旅行社,两架波音737飞机,30家星级酒店,100辆旅游大巴……

它将在实体零售业那一出"大刀阔斧搞渠道改革"的戏码搬到了旅游业,"硬生生"地把传统旅游业所谓"渠道为王"的宗旨改成了"资源为王"。

这个跨界"门外汉"的做法则恰印证了专业人士——驴妈妈CEO王小松的预言:"价格战是渠道之争,当资源足够强大时,渠道为王的法则就会弱化。"

名创优品在旅游业价格方面改革似的突破让"安枕无忧"发展了近百年的传统旅行社深深战栗。

正如叶国富所说:"以后我要做到的,是所有人去惯了名创优品之后再到超市已经下不了手了,超过10块钱的东西就会觉得太贵了,到我们名创这里,既可以买名创优品的东西又可以旅游。我要让每一个门店变成名创优品的店+旅行社,你在这里不仅可以买到名创优品的产品,还可以买到超值的国际旅游服务。"

他正在做的事情,是培养顾客无关乎行业的消费习惯和生活习惯。而这种做法,将让绝大多数行业的从业者意识到危机的诞生。

至此再想起叶国富的那番"要解放一代年轻人"的情怀式言论,结合其正在付诸的努力,我们倒是真的可以相信,他所言非虚了。

结合时下的流行语,他不但在零售业让我们实现了"无节制""买买买"的美好梦想,也解决了困扰诸多年轻人的"世界那么大,我想去看看;钱包那么小,哪也去不了"的难题!

名创模式"跨界打劫"的成功证明了"名创模式"的可复制性,这让我们可以在"卖什么"和"怎么卖"的问题上抛开行业看本质:

卖什么?

卖可持续的"模式"!

怎么卖?

在"模式"下卖!

05 重新定义全球零售业
品牌本身没有意义

● REDEFINE THE GLOBAL RETAIL INDUSTRY ●

你的姓名,常常排列在
许多的名姓里边,并没有
什么两样,但是你却永久
暗自保持住自己的光彩

——冯至

有人曾向一些国内企业的负责人请教:"企业经营的目标是什么?"

答案不约而同:"品牌的市场占有率。"

进一步问之:"什么是品牌?"

这次的回答则五花八门:

"我的广告轰炸多,我就是品牌。"

"我的出口创汇多,我就是品牌。"

"我的营销策略好,我就是品牌。"

"我的企业文化好,我就是品牌。"

"我的商品产值高,我就是品牌。"

……

那么,究竟什么是品牌?

在很多时候,我们对品牌的执着已经上升到了一个"走火入魔"的高度。这种思维模式导致了品牌体系的乱象,以至于一纸证书或一个漂亮的商标就可以作为品牌体系建设的重要里程碑。

于是我们奔波于如何让我们的"名字"在诸多排列着的"名字"之间显得与众不同熠熠生辉,结果却将自身的光彩埋没于尘埃。

品牌的意义是什么?

叶国富说:"品牌本身没有意义。"

1. 以"无品牌"策略经营"品牌"

当第一次听到叶国富说"品牌本身没有意义"一言的时候,我还是着实吓了一跳。

毕竟在我以往的认知里,很少有谁能像叶国富一样将一个品牌打造得如此出色。

在名创优品诞生之前,"哎呀呀"便花费巨资聘请当红明星作为品牌代言人,这种做法开创了"小饰品,大明星"的先河,这足见其强而有力的品牌意识,以及要将"小商品"做出"大品牌"的品牌决心。

可就是这样的一个叶国富,却在自己的一次演讲中如是说道:"在我眼里品牌都是假的,这个世界上没有品牌。"

如此一说,倒还真的让叶国富的"无品牌论"有了些"无招胜有招"的"玄妙之感"。

要想弄明白叶国富为何奉行"无品牌理论",我们就必须了解其他企业为什么对"品牌"二字推崇备至。

早在第二章我们就已经对品牌做过一个具体的介绍,而关于"品牌溢价"的探讨也让我们看到了所谓"品牌"的重要性。作为能给拥有者带来溢价、产生增值的一种无形资产,鲜有企业会轻视在品牌上面的投入。

最简单的例子就是如果同是一家中国内地企业生产的运动服,只要某一批衣服贴上耐克商标,其价格就可以比"无品牌"的衣服翻上几番。

因此从某种意义上说,品牌已经不仅仅是个"符号",而是一口藏满了黄金的矿井。

至此,关于企业强化"品牌"、大力塑造"品牌"知名度和影响力的原因已经不言而喻,说破大天,最主要的还是为了"**溢价能力**"四个大字。

因此早在名创优品之前,国内就已经有诸多传统企业选择了"去品牌化"作为重要的经营战略之一,而这些企业所生产的产品大多具备如下特点:价格弹性小、特殊含义少、品质要求低。

【价格弹性小】

所谓的价格弹性小,指的就是同一种产品,在不同品牌间价差细微。

几个典型的例子发生在我们的日常生活中:卫生纸、食用盐、矿泉水和部分产品生产的原料或配件……

我们鲜少去关注纸巾、调料或者矿泉水的牌子，因为在我们看来，这些产品无论在功能或外观上都没有什么不同，不同品牌诸如此类的产品差异性也极其细微。

例如，卫生纸10卷一提总是20块钱左右、食用盐一袋250克总是3块钱左右、矿泉水总是1~2块钱一瓶……

这些商品的价格区间往往窄而小，且与品牌本身关系不大。因此，为了多一块和少一块的"价格弹性"，在品牌营销方面大费周章投入巨大的人力和财力未免得不偿失。

【特殊含义少】

关于这一点，可能许多人不明白：一件产品何来"特殊含义"之说？

所谓的"特殊含义"，指的是某一品类的产品给人带来的"特殊联想"，例如能彰显身份的汽车、手表和首饰。

而与之相反的例子也有很多，诸如一支圆珠笔、一只碗。

一般来说，越容易具备"特殊含义"的产品在其品牌打造上越喜欢强调该"特殊含义"，越是进行这种对"特殊联想"的强化则越容易带来"品牌溢价"。

对于汽车和手表来说，除去因功能性差异而带来的产品体验不同之外，我们更倾向于将"身份的尊贵"与"价格的昂贵"联系在一起。

而对于一支寻常的圆珠笔和一只普通的碗来说，我们很难赋予其"特殊含义"使得它们在价位方面发生什么翻天覆地的变动。

【品质要求低】

对品质要求低的产品，解释起来就是：消费者往往不太关心质量，只要能用就行。

这样的例子同样有很多，如肥皂、脸盆。

这种对品质的"要求低"，也可以体现为"品质差异小"。或者说，我们更重视它的功能。

事实上，这样的产品往往也兼具"价格弹性小"的特质。同样的，"品牌溢价能力"也无法得到彰显。

如果我们忽略产品因素，从企业本身来看，许多秉承着"去品牌化"的企业，往往或多或少都具备如下特点：企业规模小、企业品牌老化严重。

【企业规模小】

相信从这一点来说，许多人会很容易理解。

毕竟对于规模不大且生产水平较低的小型企业而言，其成长优势并不在于投入品牌广告和市场公关行为，而在于对市场灵活的应变能力和可调控的终端渠道。对于这一点，无品牌营销能够有利于小企业在面对市场时更好地发挥自身的优势，把精力和资源全都用在刀刃上。

无品牌战略巧妙地绕过了品牌推广的繁文缛节，使企业直接面对市场和消费者的选择，既为企业减少了多余的开支，也增加了实际的市场开发空间。

【企业品牌老化严重】

正所谓"守业更比创业难"。在企业纷纷为自己的品牌抢占市场攻城略地的时候，这样的情况屡见不鲜：今朝还是"春风得意马蹄疾"，转眼间就变成了"无可奈何花落去"。

这样的企业在传统行业内并不少见。而原因也大抵不外乎管理思路和经营策略的陈旧、渠道老化，或者产品再也无法跟上时代的潮流……

事实证明，长远的历史给一个品牌带来的不一定都是"闪闪发光的钻石"，也可能是"坚硬顽固的绊脚石"。品牌的经营就如旅馆的经营，保养和维护都需要必要的投入。然而当旅馆在光阴的催迫下"漏了屋顶""霉了地板"，空剩断壁残垣、问题积重难返的时候，不少企业会尝试通过"去品牌化"的策略直截了当地解决问题：拆了旅馆睡帐篷，也许别有一番天地。

了解了在去品牌化战略的问题上有关产品与企业的特性，我们一定会问：名创优品出于何种原因投向了"去品牌化"的阵营呢？

从产品的角度来说，如果我们将市面上已有的产品按照如上三个特性"对号入座"，大概不难找出这三个特性最"偏爱"的聚集地，那便是：日用百货。而名创优品除了销售日用百货之外，其产品结构还有相当一部分比重落在了数码产品和饰品、化妆品方面，这些产品与如上所述的"三大特性"似乎毫不相关。

从企业的角度来说，名创优品不是我们传统意义上的"百年老店"，作为一个初创企业，也完全谈不上"品牌老化"的问题。至于"企业规模小"也绝对不能成立，名创优品作为叶国富二次创业的"成果",其在大获成功之前就已经积蓄了丰厚的实力和资源;并且众所周知,在产品的设计、引进和研发方面,名创的风格一向是"高眼界、大手笔"。

如果再次审视我们前文所提及的那些传统企业,就会发现它们在选择"去品牌化"战略的时候或多或少都含着些"被动"色彩。由于产品特性、企业规模抑或是企业转型路上的诸多客观事实,"去品牌化"四个字的前面便多了一个"不得不"的修饰词。

而对于名创优品来说,将"无品牌"作为品牌战略的敲定则变成了一种"主动选择"。

我们已经知道,对品牌的追求往往离不开对其溢价能力的追逐。然而对立志于打破"价格虚高"的市场局面、奉行"物美价廉"原则的名创优品而言,其商业模式字典里早就没有了"品牌溢价"这个概念。因此,"去品牌化"路线的明确与其商业模式可谓相互呼应、相辅相成。

当然,非"被动"地以"无品牌"作为创始理念且延续至今的品牌并非名创优品一例,在前人探索的道路上有这样一位先驱,它就是——无印良品。

它将品牌弱化作为品牌经营的基本战略,以没有标识的极简包装和以产品为本的研发理念将一批又一批优质的产品投向市场。它既不花费重金大做广告,也不玩花样迭出的营销手段,而是借助于"无品牌"的优势,实现了"物美价廉"的愿景。

然而"无品牌化"作为一种策略,并不意味着我们要彻底放弃潜移默化中对品牌的塑造。在任何领域，"品牌"作为一个产品乃至一个企业的标识都彰显着与之对应的经营理念和产品宗旨。

因此在如今这个时代谈及"无品牌化"，有不少资深的投资人和企业家往往会举出以小米为首的案例告诉我们："越是选择无品牌化的企业，就越应该借助于互联网的快速传播特性来迅速建立品牌。"

于是出于对"快速传播"的要求，一条行之有效且广被人提及的策略就是："给你的品牌起一个朗朗上口的名字，越是容易记忆，就越容易实现品牌的建立。"

对此，叶国富并不认同。

对具备着互联网思维却代表着中国实体行业的名创优品来说，无品牌化，就意味着对于品牌的打造，不该从"品牌"本身着手；就意味着当与无印良品一样，首当其冲的应该是忘掉自己品牌的名字。

在它们看来，对于"无品牌化"策略的施行最为重要也是唯一重要的，便是：回归产品。

只有产品。

唯有产品。

2. 没有优质产品，别谈品牌

"产品"和"营销"孰重孰轻，在各行各业都是一个永恒的话题。

之所以会有这样一个为人所津津乐道的话题诞生,是因为在关于品牌的探讨中,普遍存在着这样一个误区:

将知名度与品牌画等号。

毕竟品牌的塑造离不开营销,而营销则被许多品牌简单地看作"广而告之"。

于是有许多"业内人士",特别是专业的营销人员向我提出这样一种观点:"你看,时下的优秀品牌,哪一个没有名气呢?"

诚然,我们喜欢将所谓的国际大牌称作"知名品牌",然而在这个"文字游戏"的背后往往掩藏着这样一个真相:好的品牌大多拥有很高的知名度,可知名度高的品牌却未必就好。

每每当我提出这种观点的时候,总是有人进一步反驳我:"如果品牌的优劣不以知名度为体现,那么要以什么来证明呢?"

在这里,我倒是想起了我与"无印良品"之间的一个故事。

我是无印良品的"粉丝",我对无印良品的态度恰如我对名创优品一样"忠诚"。

然而挺有意思的一件事是,我也不过是在无印良品创办22年后才初识"无印良品"这四个大字的,彼时距离无印良品进入中国已有近10年之久。这让我多多少少感到有些对不起"粉丝"这个称号。

后知后觉的我之所以将自己称为"粉丝",是因为在我得知无印良品其名之前，经过我手的该品牌产品早已至少有十几种之多：大学时代购买过的再生纸单词卡片和树脂活动铅笔、工作后使用过的半透明文件袋和没有任何 Logo 的极简风格笔记本……

用得多了，甚至每每在我看到那种设计极简、包装洁白空旷的产品的时候，总会第一时间想起这么个品牌："就是那个不会在产品上印品牌名称的品牌嘛！"

至此，"无印良品"四个字之于我而言依旧陌生如路人，虽然其品牌理念早已深入我心。

提及让我"直视"这个牌子的机缘，还要多亏无印良品旗下一瓶洁白小巧的妆前乳，那瓶身上一反无 Logo 的"无印风格"，用青翠的果蓝色字体小小地写上了品牌的大名。看罢良久，我感叹一句："原来是它。"竟有些老友重逢的惊喜。

与无印良品之间的这段故事最让我觉得有趣的是，我总是忽略它的名字却并不影响这数年来我对它的产品的执着。

这种淡化品牌的精神完美地诠释了品牌的核心理念，并且丝毫没有成为它"销售业绩一片大好"的障碍，它持续不断地吸引着诸如我这般"粗心大意"的"真爱粉"，使得用户如"滚雪球"一般"越滚越大"。

这个故事恰印证了叶国富对品牌和知名度而发表的一番言论："大家都在用的才叫作品牌，光知道却不用的不叫品牌。"

显然，无印良品是个优秀的品牌，与我是否记得住它的名字无关。

关于叶国富的这一观点，另一个绝佳的例子发生在手机行业。

从 2010 年起，苹果手机的时代来临了。iPhone 4 一举成为时尚、潮流和贵族的标识，而 iPhone 4s 和 iPhone 5 的推出则将"苹果热"推向高潮。使用者和追捧者甚众的现实让那个被咬掉了一口的苹果成为手机品牌的代名词，而直到今天，距离 iPhone 4 的诞生也才仅仅过去了六年而已。

与苹果手机的兴起相比，另外两个在手机行业以"百年历史"而家喻户晓的知名"大品牌"则显得落寞多了，那便是：摩托罗拉和诺基亚。

论起知名度，摩托罗拉与诺基亚绝不会逊色于苹果，甚至在国内中老年人范围内的使用程度还更胜苹果一筹。习惯和情怀使然，我的母亲至今在使用一部华为手机之余还保留着一部她于 14 年前购买的摩托罗拉手机，并且仅用于接打电话，足见其品牌的深入人心。

然而论起产品的覆盖面积，对于光辉时代早已过去的摩托罗拉和诺基亚而言，根本无法与苹果相提并论，甚至每每当我的母亲掏出她那部堪称"老古董"的摩托罗拉手机时，周围的朋友都会发出如是感叹："真没想到，如今还有人用摩托罗拉。"

我们在互联网上稍微动动手指便能查到全球范围内有关智能手机的诸多排行。以 2015 年为例，无论是从手机性能来说，还是从使用人数来看，排在前列的永远都是苹果、华为、魅族、三星或者小米，已全然不见摩托罗拉和诺基亚这类"百年大牌"的身影。

就今天而论,我们能仅凭知名度而为一系列品牌划分出三六九等吗?

就今天而论,一个优秀的品牌就是通过一系列强大的传播工具和优秀的传播策略"爆发式"地将品牌理念传达给市场以期形成超高的知名度吗?

答案都是否定的。

那些年,我们见证过无数红遍大江南北、让我们耳熟能详的品牌知名度神话:背背佳、爱多vcd、燕舞、春都火腿肠、威力洗衣机、活力28、小护士……

可今天,我们还能看到多少,又能记起多少呢?

它们在记忆的故纸堆里变作陈年往事,变作不属于这个时代的被封存的往昔。

可能有人要说,如上品牌不过都属于传统营销时代的产物,与互联网时代的企业和品牌绝不可相提并论。那么,电商平台的先驱"8848"、著名互联网门户网站品牌雅虎以及前些日子火得一塌糊涂的雕爷牛腩和黄太吉烧饼,它们如今的命运又如何呢?

也许有人会说我站着说话不腰疼,然而我并不想对谁进行刻意抹黑。我要说的是,一时风光无限、具备"爆发力"的品牌如果不想被时代的泡沫淹没,而想要具备更持久的耐力,选择从产品入手打开一条"通路",就会发现这是一片不一样的天地。

事实上，这也是名创优品的选择。

在名创优品看来，如何研发出让用户喜欢的产品比如何大张旗鼓宣传品牌更加重要。

一个有趣的例子，就发生在名创优品的门店里；同时，这也涉及另一个挺特殊的行业：眼镜行业。

还记得2015年一篇名为《眼镜价格何时才"亲民"》的文章直戳眼镜行业暴利内幕，一时在互联网上掀起一阵狂潮。受篇幅所限，我们在此不便复述原文，不妨以一句眼镜行业内的流行语作为这篇文章的梗概：

"20元的眼镜，200元卖给你是讲人情，300元卖给你是讲交情，400元卖给你是讲行情。"

据此，业内暴利可见一斑。

从市场需求来看，眼镜是一个半医半商的行业，其消费关乎民众的视力矫正、形象重塑乃至身份标榜等多重诉求；同时一些时尚男女为了彰显个性标榜身份，对太阳眼镜的基础需求量同样庞大。

众所周知，在没有行政壁垒的眼镜市场中，价格仍是由供求博弈最终决定的，而眼镜需求庞大的基数也使得国内眼镜行业"高价忽悠"恶习难除。

更为有趣的一点是，眼镜行业是一个自带"去品牌化"效果的奇特行业。一个最简单的例子就是：我们在大街上随便拉几个人问问他/她佩戴的眼镜或常备的太阳镜是什么品牌，恐怕十个有九个都会摇摇头说"不知道"。

就是在这样的大背景下，名创优品推出的太阳镜产品再次成为爆款，发售当天 20 万副太阳镜即被抢购一空，部分市场一度断货，缔造了一副太阳镜全球销量 1 亿的传奇。

然而在这场抢购狂欢中最最值得一提的却是，一向秉承"去品牌化"的名创优品在涉足一个自带"去品牌化特效"的行业之时，却让自己的品牌大名深深烙在了顾客的心里。

论其内幕和玄机，便要回到我们从上一节结尾就开始探讨的"产品"二字。

名创优品推出的太阳镜色彩炫酷，外观时尚大方，更重要的是零售价格仅需 20 元、质感却可媲美奢侈品品牌"爆款"的产品定位。

接近成本的定价一举击溃了眼镜行业暴利的"恶习"，优秀的设计和质量也让顾客爱不释手。

诚然，即便是这样"超预期"的体验让大多数顾客印象深刻，但也许当你路遇一位戴着名创优品太阳镜逛街的时尚达人并上前请教眼镜的牌子的时候，他 / 她也未必能将品牌名称脱口而出。

可对于名创优品而言，这一点并不重要，真正的优质产品永远不缺乏回头客，一些爱好时尚的姑娘们在长达三五年之内都很可能说不出名创优品的名字，但当你问及"这款没有 Logo 的太阳镜来自何处"的时候，她往往会潇洒地一指："喏，某街某商场某层，红底白字的牌子就是。"

而另一个挺极端的反面例子发生于曾在荧幕上猖獗一时的电

视购物广告中。大约从2007年起,一股"珠宝风"开始席卷荧幕,要么卖"钻石",要么卖"黄金","只要998,珠宝带回家"的广告红透了半边天。

论起当时最让人耳熟能详的,莫过于一款名为"玖玖金叶"的产品,号称每一片都以真实的叶脉为基础,用"千足金"手工铸造而成,看上去金灿灿、明晃晃,在镜头感十足的特效下显得美轮美奂,电视购物广告中则给出"惊爆价":只要300元。

然而据知情人士爆料,这款被鼓吹得天上有地下无的金叶子放在北京新街口珠宝批发市场,售价超不过38元。这款"世间罕见"的限量珠宝,说穿了不过就是光天化日之下的一场大骗局。

在消费者越来越理性的时代,离开了优质的产品,纵便将广告投入各大卫视、无限次循环播放,纵便请专业人士投入大量精力包装和推广,劣质品仍然是劣质品、骗局依旧是骗局。它们最终将被消费者抛弃在时代的洪流里,再留下一个无关品牌的恶名。

想打造一个优秀品牌,首先就需要有一系列有长线需求的、效果很好的优质产品。这种产品必须紧跟时代潮流,紧扣顾客需求,类似名创优品的太阳镜和香水,或者小米的数码产品。

优秀的产品必须与时俱进,这样才能保证优秀的品牌理念日益深厚,以不变应万变。

因此我们便可以明白,为什么中国那么多所谓的"百年老字号",随着产品的落伍和传统技艺的失传,时至今日也仅仅变成了一个个烙着鲜明的中国历史烙印的"文物"。

而同样是"百年老字号"的屈臣氏却在放掉了"老品牌"的架子之后，秉承着产品为王的法则，通过对自研产品的大力发展和革新百年如一日地稳坐"知名品牌"的位置。

当现代管理学之父彼得·德鲁克（Peter F. Drucker）在最后一次接受《华尔街日报》采访的时候，有个记者问他："您90多岁了，也写了90多本书，您能告诉我什么是好的企业吗？"

德鲁克说："只有鞋子是真实的。"

一个企业家恰如一个制鞋匠人，当他们去做鞋子的时候，千差万别的评判成功的标准随之而来：

"他做了全世界最多的鞋子。"

"他的这个鞋店是全世界最赚钱的鞋店。"

"他的鞋子最出名。"

……

一个品牌管理者恰如一个制鞋匠人，当他们去做鞋子的时候，五花八门的评判成功的标准随之而来：

"他的鞋店文化氛围最好。"

"他的鞋店知道的人最多。"

"他的鞋店获得的荣誉最多。"

……

但对一个制鞋匠人而言，最重要的评价就是鞋子，也唯有鞋子。如果这双鞋子人们穿着舒服，那么他就是一个成功的鞋匠。

什么是一个好的品牌？

只有产品是真实的。

3. 没有一流的设计，别谈品牌

我曾在母亲分享的某篇带着明显"心灵鸡汤"色彩的文章里读过这样一则小故事：

有位手艺很好的木匠，某天砍了一棵树，并且心血来潮用它做了三只木桶。

一只装粪，就叫粪桶，众人躲着；

一只装水，就叫水桶，众人用着；

一只装酒，就叫酒桶，众人品着。

在原文的最后还配有这样一段"启示"：人生如斯，有什么样的观念就有什么样的人生，有什么样的想法就有什么样的生活。

在我看来，品牌的塑造也是如此。在同样的营销手段或者同样无营销手段的大前提下，消费者是"躲着""用着"还是"品着"，取决于产品的本身。

那么，当这三只"桶"都变成"酒桶"的时候，我们如何使得其中一只脱颖而出呢？

我认为，"酒"的品质，等同于产品的"设计力"。

从品牌塑造的角度来说，将设计做到极致，一定会事半功倍、水到渠成。

对于奉行"无品牌化"的品牌而言,极致的设计几乎成了一款产品与其他品牌下同类产品差异性与辨识度的全部体现。

这也就是我在尚未得知"无印良品"其名时便能将其旗下的产品自动归为一类的原因。

在通过设计力取得非凡的品牌影响力的案例中,晨光文具算是相当出众的一个。

在前文中,我们已将绝大多数的"文具"产品都划归为诸如眼镜一般的自带"无品牌化"属性的商品。在这样的客观条件下,能将一个文具品牌做到诸如晨光这样的规模实属不易。如果论及让无数企业家"竞折腰"的"品牌占有率",从2014年起就有这样一种传言:"晨光文具在中国市场的占有率超过55%,可以说几乎家家都有其用户。"

当然,传言只是传言,55%的数据听上去也高得有些惊人,可是我们却很难否定这样的数字。因为晨光文具的普及本就是人所共知的事实,仅从店面数量来看,在文具行业能与之抗衡的便几乎找不出第二家。

有人说,晨光的成功源于它强大的渠道和独特的管理结构。

而在我看来,它的领先地位得益于对创意价值与制造优势的完美整合。说到底,产品本身就是这种整合的绝佳体现,而产品设计则成了优势中的优势。

与晨光结缘,还是托了我中学时代一位闺蜜的福。在那个穿着校服的青涩年华,我的那位闺蜜属于并不罕见的"文具收集癖"

重度患者中的一员。对她这样的小姑娘来说，一支笔的造型美观就是她拥有这支笔的几乎全部原因。因此，晨光门店成了她每天放学的"必经之路"。

晨光的造型能力有多棒？

我在很小的时候学过画画，在初识油画棒的时候老师就告诉我："买真彩的，从专业的角度来看，真彩的东西质量更好。"

这种观念在随后中性笔流行的时候依然广为认可，"技术"和"优质"成了真彩的代名词。

但是这个时候的市场上，一句有关"完美"的笔的定义却诞生了，那便是："晨光的款，真彩的芯。"

较之真彩，晨光属于后起之秀；但比起真彩，它胜在设计。

比如银行等服务台上常用的底座可粘贴笔，通常都是简单的黑色底座，晨光偏要把底座做成一张卡通微笑脸，令人耳目一新；又比如晨光推出"考试专用笔"专攻考生消费，仅这个主题就使晨光销量上升了 20%。

而在将近十年后的今天，我在一次聚会中与一位零售商谈及晨光的时候，我们两人还是忍不住对其在设计方面的投入和重视啧啧称赞。

2015 年，晨光文具推出一套由韩寒监制、以"无用之诗"为主题的 ONE BOX 文具套装。从视觉上来看，有别于市面上花花绿绿的设计，"无用之诗"拥有一套相当别致而统一的色彩搭配，整体以浅色撞色的视觉形式呈现。烤漆处理的本子表面印有烫金诗句，将数字时代文具爱好者们的"文艺情怀"表达得淋漓尽致，恰到好处地扣合着"无用之诗"的主题，唤起不少已经踏入社会的白领阶层的回忆。

这套首发价格为199元的文具一经上市便大受欢迎，产品设计力的推崇和创新能力的挖掘使晨光在品牌塑造的路途上从未力竭，甚至完成了每年推出超过1 000多款创意新品的挑战，从而进入一流品牌的行列。

而另一个更简单却无关乎"外观设计"的产品设计案例，则是喜之郎推出的一款"可以吸的果冻"。这种极具创意且极富人性化的设计开创了袋装吸管式果冻的先河，并使得该品牌深入人心。

毛泽东同志说：一个人做点好事并不难，难的是一辈子做好事，不做坏事。

我们说：做一件设计精良的产品不难，难的是每一件产品的设计都做到极致。

而将每一件产品设计都做到极致，恰是名创优品的产品研发宗旨。

众所周知，名创优品讲究设计，更推崇设计力。它的设计师团队阵容庞大而豪华，针对产品的设计同样精中选精、优中择优。

优质的设计跨越了符号化的品牌名称，成为一个名副其实的brand（烙印），给消费者以直观的印象。

因此在我们对名创优品的探讨当中，"设计"二字几乎贯穿全书，无论是香水、太阳镜、眼线笔、芒果果饮甚至采用的快时尚模式都能彰显这一点。

因此在这里,我们不用赘述就能深切感受到名创优品利用"无品牌战略"走出品牌的康庄大道的主要原因。

如何塑造品牌?

叶国富说:"没有一流的设计,别谈品牌。"

4. 优秀的品牌在于自然发酵而不是拔苗助长

商业评论人马金同曾在文章中写过这样一句话:"为品牌而品牌就像江湖术士在一锅醋上加些油,稍微加热后,表面沸腾了,但内在还是凉的。骗得了一时,蒙不了一世。"

此言生动有趣,话糙理不糙,倒是与叶国富奉行的"无品牌"理论有异曲同工之妙。

我们不能为了"品牌"而"品牌",那我们应当为了什么而"品牌"呢?

莫非在将产品推向市场之后便让品牌"听之任之""放任自流"?

任凭其自由生长是好的,然而作为一个品牌的管理者和经营者,恰如一个孩子的父母,拥有一项艰巨而无法推卸的责任:让自己的孩子形成正确的价值观和世界观。

品牌培育的过程恰如栽培一株植物,重在阳光和雨露,重在打理和照料。也如叶国富所言,"重在自然发酵",而绝不是"拔苗助长"。

同时被一个优秀品牌吸引而来的消费者也绝非上帝,他们只是一群喜欢你的朋友和知己。

如何让一个品牌度过危险的幼年期,通过叶国富口中的"自然发酵"茁壮成长为参天大树?

我们认为要做的唯有两件事,那便是:"节制"和"引导"。

【节制】

2004年,一首名为《2002年的第一场雪》的歌曲一夜之间红遍大街小巷。而一个名字也随着这股音乐潮流进入我们的脑海,那便是——刀郎。

那一年,刀郎"红"了,他的专辑红了,他的故事也红了,电视里是周而复始的访谈,步行街上是千篇一律的旋律。

一年以后,刀郎和他的音乐却在"耳朵听出了茧子"的听众反馈中销声匿迹。

这恰顺应了中国古代哲学中"物极必反"的理论:生如夏花般绚烂,生如夏花般短暂。

这种有关追求瞬间新鲜感的故事极类似诸多企业在品牌推广上面的"一时造势",而这种一时造势所带来的结果,则极像是从爱情步入婚姻却彼此不甚了解的懵懂男女,他们在可歌可泣的热恋里将所有的热情消耗殆尽,最后等来的只有潦草收场的婚姻,一切复归于冷寂和落寞。

一个同样让人耳熟能详的例子就是珠海康奇有限公司旗下的产品——脑白金。从2001年起,这款保健产品以铺天盖地的广告创造了一道"每日必见"的电视奇观。其广告之密集,也创造了中国广告之最。于是这款产品在"恶俗营销鼻祖"史玉柱略带赌性的"史氏广告"的包装之下所向披靡,并在持续烧钱下存在了长达十年之久。

然而2013年的一份调查报告显示:90%的年轻观众在表示对脑白金广告感受时使用了"难受""恶心""低劣"等形容词,中年人的负面感受率也在80%左右。

换而言之,脑白金的电视广告在为脑白金产品立下汗马功劳之余,也成了引起公众反感的最直接原因。

2015年,一名媒体记者走访了上海市的诸多药房,数家药房的导购不约而同告诉记者:"脑白金早就不卖了。"

其理由除了"使用者群体老化""消费者购买多半为送礼""代替产品层出不穷"之外,另一个重要原因赫然就是:"产品因电视广告而导致的低端感。"

在一些专家学者看来,脑白金步入下坡路十分正常。毕竟作为一种在土豪预算之下,依靠包装营销概念做出来的产品,本就是波段性的机会导向的生意。更何况互联网的普及带来的信息获取渠道的多元化,让脑白金产品在人们心目中的价值越来越小。

这是一个明显的、在品牌塑造方面"用力过猛"的例子,却并不够极端。因了脑白金产品背后企业的"财大气粗",这场丝毫不懂得节制的"消耗战"打了十余年之久才逐渐接近尾声。然而另一些与脑白金营销路数相似的品牌则没有那么幸运,最典型的案例就是哈药集团所创造出的"哈药模式"。

早在 2000 年的时候,哈药集团就传出凭借 11 亿的广告费砸出 80 亿销售额的品牌神话。

而到了 2013 年,极度倚重于营销投入的哈药旗下的三精制药全年净利润只有 646 万元,同比大跌 98%,营收 31 亿元,同比下降 21%。2014 年依旧不容乐观,营收仅为 17.39 亿元,同比降低 45.27%。

相对于诸多注重一次性投入"狂刷"曝光度、挥金如土孤注一掷,最终却昙花一现的品牌而言,名创优品则采取了一条长期积累、坚持品牌原则、持续优化产品的"温和"战略。而这种有意克制、低调内敛的品牌经营模式,却成功地让"内容"成了它的营销王牌,虽然"用力不大",但门店、粉丝与影响力的扩张速度却丝毫不慢。

品牌的建设历来就是战略行为和技术行为结合的市场现象,而它的生命力的延续则在于"节制"。

唯有"节制",才能保证创造力和品牌力不被透支;

唯有"节制",才是可持续发展的原动力。

【引导】

引导,即帮助品牌塑造"品牌观"的过程。

换而言之,就是在我们发现品牌的发展偏离了预定的品牌轨道的时候及时进行纠正和把控。

然而不幸的是,有许许多多的企业因了对知名度的一味追求,任凭品牌的发展偏离了品牌的核心精神。

一个最典型的例子就是代言人的选择。

出于如何"博人眼球"的考虑,选"红的"不选"合适的"成了一些企业的"宗旨"。因此,便出现了无数惹人争议、让人匪夷所思的明星与品牌的签约。

例如,农夫山泉与韩国组合 Bigbang 的合作,再如国内经典草本护肤品牌与周杰伦的签约。

前者被顾客吐槽:"Bigbang 的妖娆抹杀了矿泉水的清泉之感。"

后者被用户抱怨:"周杰伦很好,可论起年龄和风格,都无法让人想到传统配方和国货第一品牌的风范。"

对于信奉"用数据说话"的叶国富而言,在早期"哎呀呀"的经营过程中,他在代言人的选择方面往往凭借消费者调研决定候选人清单。

例如,应采儿、李湘、阿 SA、SHE……无一不让人顺其自然地将她们与甜美可人的时尚饰品联系在一起,完全符合"哎呀呀"年轻、活力的品牌个性,可谓珠联璧合、相得益彰。

当然,这个与"代言人"有关的例子不过是九牛一毛,任何与品牌的核心精神相违背的内容都应该予以修正或取缔,即便是精心研发出来的产品也不例外。

还记得名创优品曾经推出的那款容易因用户操作不当而出现故障的玩具小飞机吗?当它致使用户引发违背品牌理念的观念的

时候，名创优品果断将之下架，毫不拖泥带水。

"节制"对一个品牌而言，意味着脚踏实地，"可持续发展"；

"引导"对一个品牌而言，意味着避免弯路，"直奔主题"。

它们是名创优品在"无品牌化"战略下的品牌塑造策略；

它们对一个品牌的"自然发酵"起着至关重要的作用；

它们给今天的我们以简洁有力却与众不同的全新思维启发。

06 重新定义全球零售业
连锁：从0到1 500家

• REDEFINE THE GLOBAL RETAIL INDUSTRY •

创造新陆地的
不是那滚滚的波浪
却是它底下细小的泥沙

——冰心

不足 3 年，1 500 家门店。

它的商业帝国伴随着连锁神话拔地而起，我们瞩目着它的"万千广厦"，却别忽略它"地基"之下的"一砖一瓦"：

一块叫模式的更迭；

一块叫管理的减法；

一块叫体系的高效；

一块叫思维的启发。

1. 用投资代替加盟

我不太相信在创业方面"天命论"者与"宿命论"者的论调，但凡成功则归结为"机遇"与"命运"，但凡失败则归结为"时运不济，命途多舛"。

然而，秉承着这种观点的朋友却不在少数。这两天发生的一桩事便更坚定了我的想法，让我感到不吐不快。

我的一位辞去工作立志通过开"猫舍"创业的朋友，前不久购买了六只品种不同的幼猫。然而前天她还在兴致勃勃对我讲述通过科学养殖猫咪大发其财是一项多么行之有效的"靠谱"生意，昨天凌晨便在朋友圈发布了这样一条消息："倒霉透顶，血本无归。"随后在私信中向我大倒苦水："六只猫一夕之间全部感染猫瘟，别说猫现在卖不出去了，治病都开销不菲，我的运气真是太差了！"

所以说写书是个"高危行业"，我一面想打心底里分享经验之谈，一面又要担心是不是文章一面世，诸如这位想开猫舍的"仁兄"一般被我当作了负面案例的朋友就要"争先恐后"地跟我绝交。

其实，我没有贬低谁的意思。然而在我看来，所谓的运气好坏，不过都只是创业路上必须考虑的风险。

这种风险在各行各业都有，开猫舍也好，开饭店也罢，即便是在我之前干着一些与"实业"毫无关系的"生意"的时候，各种"风险"也会找上门来。

事实上，大多数风险都是可以预见的。因为有相当一部分在我们认知中的"风险"，不过都是存在于某一个行业内的普遍问题和行业弊病。例如养殖业中可能突发的动物传染病，再例如金融业中可能随时要面临的政策变更。

面对这些并非不可预期的"突发状况"，差等的企业家只懂得怨天尤人，中等的企业家擅于预估风险和承担风险，而最优秀的企业家则会尝试从自身的角度出发、从整个行业的层面解决问题。

叶国富，就是最后一种。

说到叶国富和名创优品，不得不提的就是所谓的"连锁业"。

所谓"连锁"，实际上是一种商业组织形式和经营制度，指的是经营同类商品或服务的若干个企业，以一定的形式组成一个联合体，在整体规划下进行专业化分工，并在分工基础上实施集中化管理，把独立的经营活动组合成整体的规模经营，从而实现规模效益。

这就解释了包括国美和苏宁在内的诸多企业快速圈地的原因：好的店铺资源是稀缺而有限的，想抢占市场制造"规模"，没有点果决的态度和高速的效率是万万不能的。

对于名创优品而言，形势则更为严峻。众所周知，"物美价廉"是名创优品的一张王牌，接近成本的定价让叶国富的那句"这个游戏逼得你一定要做大"并非夸夸其谈，要想拥有价格优势，规模经济是不二套路。因此，名创优品必须有足够多的店铺做"售卖触角"。

因此，叶国富将名创优品创办的前两年称为"开店年"，也是抢阵地插红旗的重要阶段。

然而要想在短短的两年里开到上千家连锁店，纵然叶国富有其自身的实力底气，采用直营连锁的方式，依旧难上加难、不切实际。

那么剩下的路，唯有——加盟连锁。

为了不给读者带来困扰，在此我们还是先来重温一下加盟连锁与直营连锁的区别。

简单来说，抛开经营领域的问题，加盟连锁与直营连锁存在"三大不同"，即产权关系不同、法律关系不同、管理模式不同。

从产权关系上来说，各个加盟连锁店的资本是相互独立的，与总部之间没有任何资产纽带；而直营连锁店都属于同一资本所有，各个连锁店由总部所有并直接运营、集中管理。这是加盟连锁与直营连锁最本质的区别。有了这种本质的区别，直营连锁的发展更易受到资金和人员的限制。放在名创优品中而言，再加上对速度的要求，这便达成了我们之前提过的"不切实际"的原因。

从法律关系上来说，加盟连锁中总部和加盟店之间的关系是合同关系，双方通过订立特许经营合同建立起关系，并通过合同明确各自的权利和义务。而直营连锁中总部与分店之间的关系则由内部管理制度进行调整。

从管理模式上来说，加盟连锁的核心是"特许经营权的转让"，即由总部转让给加盟店。因此，各个加盟店的人事和财务关系相互独立，总部无权干涉。而在直营连锁经营中，总部对各分店拥有所有权，对分店经营中的各项具体事务均有决定权；分店经理作为总部的一名雇员，完全按总部意志行事。

也正因如此，叶国富在首次创业创办"哎呀呀"的时候，就选择了对资金和人力要求更小且更加灵活的加盟连锁方式进行连锁经营。早在 2006 年，他便通过这种方式快速地把"哎呀呀"的生意做到全国。如今，叶国富对加盟连锁的运作可以说是"驾轻就熟"。

因此无论从经验的角度来看，还是从对速度的要求来看，对名创优品的连锁和扩张选择"加盟"的方式，似乎都是理所当然的事。

可是，叶国富在几经思考之后，将加盟连锁的方式全盘否定。

因为他深知连锁加盟体制背后的诸多问题，和随时可能遭遇的一系列风险。

我将之总结为：管理制度的"变调"，产品内涵的"变味"，品牌理念的"变质"。

【管理制度的"变调"】

2015 年下半年，湖南绝味食品股份有限公司陷入了食品安全问题。有媒体暗访调查"绝味鸭脖"南昌生产基地和门店时发现：有员工不戴口罩徒手操作，掉在地上的鸭爪捡起来继续加工；一门店更是将菜碟放厕所蹲便器上冲洗，有员工偷吃食物又放回包装，工作服都是要脏到"看不下去才洗"，环境肮脏不堪，苍蝇蚊子满天飞。

而事实上，该门店的卫生、产品储存及售卖均不符合《绝味终端门店营运管理制度》的要求，且严重违反了《绝味品牌连锁特许加盟合同书》的相关条例。

然而，加盟连锁的特性在很大程度上"纵容"了这种现象的发生。毕竟各个加盟店的人事和财务总部无权干涉，从而引发了许多因"监管不到位"带来的问题。

【产品内涵的"变味"】

最典型的一个例子,逛过晨光文具门店的朋友们可能深有体会。因为"晨光"的加盟店往往不只出售"晨光产品",还经常能看到不少"真彩产品"和其他文具品牌的产品。在"晨光"的招牌底下,却是一家家名副其实的"杂货店"。

众所周知,在加盟连锁的方式之下,每家店进什么货、卖什么、怎么卖、什么时候卖,全都由加盟商自主决定。而作为一味追求经济利益且品牌意识淡薄的加盟商,往往在产品的选择和贩售方面缺乏专业经验,由此可能会给品牌带来诸多麻烦。

另一个挺有意思的例子则发生在叶国富身上。彼时"哎呀呀"的加盟连锁店"遍地开花",而叶国富恰想推一款新发卡,在此之前他不得不专门询问加盟商是否愿意订货、是否愿意在每个月的订单里加入一些新品。然而众口难调,效率很低。

【品牌理念的"变质"】

品牌理念的"变质"是如上所述问题带来的最严重后果。

任何一个加盟商的经营管理不善都可能导致顾客对品牌理念的认知偏离原先的轨道,从而给其余连锁店带来不可预知的风险;同时,给品牌本身带来致命的打击。

很显然,叶国富很清楚加盟连锁的弊病和风险,因而时刻怀揣着承担任何风险的准备。但在直面这种前路可知的风险之前,他决定另辟蹊径、"绕道而行"。

在这个时候,创投圈的有限合伙制(Limited Partnership,

LP）给了叶国富以启发。

有限合伙制的制度安排是由资金的所有者（有限合伙人）向贸易操作者提供资金，并按约定获取利润的一部分，但不承担超过出资之外的亏损；如果经营者不存在个人过错，有限合伙人也不得要求经营者对其投资损失承担赔偿责任。

简而言之，有限合伙人（Limited Partner）可以说是真正的投资者，但不负责具体的经营。

这种"不负责具体经营"的投资者理念可以在很大程度上消除叶国富对"加盟"模式的顾虑，继而一份谈不上"加盟"的"加盟政策""新鲜出炉"了。

里面约定了品牌使用费和货品保证金的金额，以及对装修、雇员、配货和管理方面的统一管理要求。

说得更直白点，这种思路来源于有限合伙制的模式就是：

投资者不但要拿出店铺和资金作为"投名状"来加入名创优品，还不能干预任何的经营管理，日常店铺由叶国富招募专业的团队（包括店长与店员）直管，由总部负责员工的培训及统一调度。

这种总部直管的模式消弭了传统意义上加盟商与总部之间因各自利益差异而造成的沟壑，解决了许多店主想创业却缺乏经营能力的弊病，能让总部的所有政策真正落地到位，实现全国所有的店铺联动，发挥集约效应，达成"统一"和"高效"。

叶国富说："这种模式解决了我店铺的资源，也解决了我资金的问题，同时还实现了我开直营店的目标。"

可谓一举多得。

但是新的风险随之而来,如何在"理想的丰满"之下避免"现实的骨感"成了一大难题。

我们可以以一家150平方米的标准名创优品店为例,计算一下开店所需花费:品牌使用费15万元,货品保证金75万元,装修、货架等30万元,租金及流动资金150万元。只需瞥一眼就知道,远远超过了200万元人民币。

毫无疑问,这是一笔不小的开销。

然而既要"加盟"商"贡献"出价值数百万的店铺资源和启动资金作为"投资",又不让他们参与管理,虽然符合了所谓有钱人"多产业经营"的需要,可投资玩的是"钱",谁也不希望200万元人民币白白打了水漂,名创优品凭什么获得投资者的信任呢?

这种有点冒险的名创模式想要快速扩张,成功的筹码全部压在了"如何吸引投资者"之上。

2. 快速扩张的秘诀:回报周期的"速度战"

当一个品牌在连锁方面将策略由"吸引加盟商"变为"吸引投资者",对想上该品牌的淘金船的人来说意义便完全不同了。

事实上,从"加盟"变为"投资",意味着投资者所具备的"自信力"将转换为对名创优品的"他信力",意味着名创优品要接受投资者更为严苛的评审和更为谨慎的权衡。

那么作为一个投资者，我们会凭借哪些因素决定投资一个项目？

鉴于之前混迹于移动平台应用领域的时候有过一些与投资人打交道的经验，我可以很容易地说出一部分常被他们挂在嘴边的考虑要素：

团队的强弱、市场的大小、频率的高低、模式的优劣。

团队的强弱大抵指的是团队的专业度和实力，以及创始人的背景经历。

市场的大小指的是存量的大小、增量的大小，以及增量的速度。

频率的高低指的是需求的频率，对于高频产品来说，无论是用户黏性、使用习惯还是数据积累都会更好。

模式的优劣指的是其所奉行的商业模式是否站得住脚，并且可持续发展。

对于一些专业的投资者来说，这些因素大概只是在分析一个项目的时候，套路式的老生常谈。

从这些角度来看，名创优品自然是个好得不能再好的项目。可对叶国富而言，这不够，完全不够。

名创优品的扩张在即，它的成长等不及"专业人士"的深度分析，更何况能意识到这些层面的投资者也太过"专业"、不够大众。

换而言之，名创优品需要一种更简单粗暴、直击人心的优势，让每一个对实体业的经营和投资感兴趣的潜在投资者都能对它

"一见倾心""情不自禁"。而这种优势在投资领域来说,就是:**回报率和回报周期**。

在这方面有一个很好的例子,那便是:海澜之家。

海澜之家是海澜之家股份有限公司旗下的服装品牌,主打男装。2014 年 4 月 11 日,海澜之家上市。

与大部分服装上市企业不同,海澜之家的商业模式早在 2010 年之前就被形容为"奇特"和"另类"。然而当我试图对它的模式进行分析的时候,却发现了一件趣事,那便是:这种"奇特"的模式与如今的名创优品如出一辙。而从连锁效果来看,也惊人地相似。

海澜之家的招股说明书显示:公司从 2009 年年底的 655 家门店,到 2011 年的 1 919 家门店,只用了近两年的时间。这种急速扩张的背后,同样是我们所谓的"带资加盟":公司出人力和管理,投资者出店铺和资金,合作实现投资利益的分成。其货品投放、门店管理和经营等工作,全部由海澜之家进行标准化统一管控。

因此,海澜之家的管理模式仍然与直营店一样——对门店具有强势而绝对的掌控权。

不过海澜之家的"强势"绝不仅限于此,面对前来咨询的投资者,海澜之家只有一句话:"没有 200 万元,不跟你合作。"

一个强势到甚至有些"蛮横"的品牌之所以还能吸引无数投资者,"单店的回报周期"就是它的一张"王牌"。

要知道,在回报周期常常以"年"为单位的"投资领域",

海澜之家将这个周期改为了"日"。

它向每个投资者开放了系统查询账户,使投资者可以借此随时了解自己所加盟的店的经营情况。而每天下班时,每个门店经理都会向投资者发送短信,汇报当日的销售额,并将30%的销售金额汇入投资者的账户,作为投资回报。

这种当日结算、实打实的资金回报有效地刺激了投资者的逐利心理,看上去既"靠谱"又有诚意。

借鉴了前人的成功经验,叶国富同样专门针对名创优品设计了一套"每天分钱"的模式,且宗旨很简单:"你把自己当投资者就行了,我让你享受当店老板的感觉,我每天给你分钱,比如说昨天卖了10万元,按照合约的比例——销售额的38%给你,第二天3.8万元就打你账上了。"

按叶国富的说法,名创全国单店平均日营收2万元,如果每天都分38%,一年将分到约273.6万元,收回本钱,剩下都是赚的。

这种高效的回报模式一如海澜之家那般收效甚好,而它给名创优品带来的"招商"底气甚至在某些方面比海澜之家更为"强势"。

而这种"强势",则是为了从另一个方面降低投资者的投资风险,从而形成良性循环。

2016年年初,我前往天津社科院去拜访我母亲的一位挚友,他在金融与管理学领域颇有建树,我称呼他为"王叔叔"。

交谈期间谈及有关名创优品的问题,我心血来潮地提了这样一个问题:"如果我想投资一家名创优品门店,我该考虑哪些问题呢?"

他回答我："其一是核心商业模式是不是可持续；其二是撤资是否灵活。"

第一点我们都能理解，事实上也是我们全书都在探讨的核心。

而第二点则是风险预估的关键指标之一，对投资者而言更为实际且重要，却更容易被人忽略。

所谓撤资，撤的就是投资时所缴纳的品牌使用费和保证金。之所以应当关注撤资，是因为无论在哪个领域，利用"资本牵制"或者合同时限的形式来控制投资者自主性的现象屡见不鲜，毕竟任何一个品牌所期待的都是"招商、开业"，没有人喜欢"拒商、关张"。

而我们前面所说的名创优品的"强势"，却恰恰体现于此。

别人怕关店，名创优品则鼓励投资者为了生意关店和搬迁。如果某家店生意不好，名创优品非但不会对关店的提议视而不见百般推脱逃避，甚至还会安排总部的人上门请客户吃饭，商量门店未来的发展事宜，是撤店止损还是尝试搬迁。因为他深知，坪效越差对总部的管理越不利。

正是由于这种宁缺毋滥且对彼此极度负责的态度，才使得名创优品既维护了品牌形象和口碑，也保证了单店每日 2 万元的平均营收。值得一提的是，在这种"鼓励关店"的态度之下，名创优品实际的关店率却非常低，只有 4%。

随后在与名创优品华北地区负责人的交谈中，我也了解了关于撤资的更多细节。

在合同问题上，名创的合同是极具灵活性的，合同年限和商铺租用时限根据每位投资者的情况具体商定，可以说投资者具备很强的自主性。

而在撤资问题上，只需要提前半个月进行撤店报备，撤店2个月后，相关费用便会全部结清，绝对称得上是快捷又灵活。

投资总会伴随着风险，投资的不同阶段有不同的风险。可对于社会性的投资者而言，最能吸引其关注的，不外乎两点：更低、更小的风险，更高、更快的回报。

我们不难发现，名创优品为招揽投资者"推销"品牌的方式极类似它的产品营销策略：紧扣刚需，内容为王。

换而言之，就是在解决自身客观问题的同时内外兼修，直击投资者的痛点和需求，一切以客户为本。

3. "直营"效果实现的关键：小前台，大后台

有人说，人生的真谛就是"不断地解决问题"。对此我参悟了很久都没参透，反倒是今天坐在这里梳理有关名创优品的"连锁大业"的时候才由衷地意识到这句话是多么独具深意。

说实在的，即便是如今我坐在这儿纵览名创优品的扩张史，就既定结局做一番"事后诸葛亮"般的侃侃而谈，写至此依旧不能不让我替它发愁。

原因很简单，一般来说，我们认知中的直营店是由企业直接

经营的连锁店，即总部采取纵深式的管理方式，直接下令掌管所有的零售店。

而对于名创优品来说，它所选择的"捷径"可以在远少于直营店设店投入和远逊于直营店设店速度的基础上，实现远多于直营店门店的开店数量，且完成等同于直营店的运作效果。

这就好比我们必须使一个正在读一年级的小学生直接跳至六年级，故而不得不强行塞给他可能无法迅速消化的繁重课业；

这也好比让一个只具备正常消化能力的平凡人一顿饭吃下未来三天的食物。

这就为名创优品埋下了一个"贪多嚼不烂"的门店管理隐患，管理得好，企业成长迅速，品牌抢占先机；管理不当，非但会白忙一场，还可能"赔了夫人又折兵"。

每一种模式的背后，都需要一个完善的体系作为支撑。

对一个跳级生而言，这种体系大概就是培养强大的理解能力和科学的学习方法；

对一个"大胃王"而言，这种体系大概就是建立超于常人的消化系统和行之有效的辅助消化手段。

而对于想实现全球门店的统一运作和直接管控的名创优品来说，这种体系一定离不开这样两个词："自动化"和"现代化"。

这既是我们前文提及的"三高三低"中的"高科技"，也与我们曾谈过的"大数据"时代息息相关。

它们能帮助一个企业在最短的时间内实现高效运作，并最大幅度地节省人力和物力资源，将企业推向规范化的高速跑道。

从这个角度来讲,许许多多的互联网企业在名创优品大获成功之前,就已经成了优秀的典范。

而这种有关"自动化"和"现代化"体系的核心,则是我们普遍认同、已经听得太多的"小前台,大后台"。

顾名思义,"小前台,大后台"指的就是极简化的前台和复杂化的后台。这很像编程中的"封装"概念,即隐藏对象的属性和复杂的内部实现细节,仅对外公开一个可供使用的简单便捷的"接口"。这样一来,无论从视觉还是操作上,对使用者的劳动力都是一种"解放"。

在互联网的相关行业,这种例子多得几乎不值一提,包括阿里巴巴或者淘宝在内的诸多电商平台始终将"大后台"的建设放在首位,并且致力于为店家提供可以面向顾客的"小前台"背后的优质服务,例如管理商品和订单、货品采购、库存操作、发货、售后、流量统计、店铺转换率……

可以说,这是一整套专业的IT系统,对商家而言非常重要。有了这一套内部的系统,虽然客户看到的不过是一个简单的操作页面,但是它却可以为我们提供精确的营销分析和报告:

今天有多少人浏览过?

具体停留了多少时间?

他们进行了哪些操作?

他们购买了哪些产品?

有了这样一个系统,我们便可抛弃依靠"第六感"和"经验"的概括化判断,而转换为用精确至小数点的客观数据说话。于是,数字精确了，营销精确了，目标用户精确了，产品销量精确了，我们的决策也精确了。

不必绞尽脑汁大费周章就能让我们知道下一步该何去何从，不必动用"人海战术"和过于复杂的逻辑就能让我们完成从"生产端"到"客户端"的产品信息传递和反馈。这就是"小前台"和"大后台"的关键，同时也是所谓的"互联网+"蓬勃发展的重要原因之一。

而名创优品则将这一套与"大后台"有关的IT系统的建设，从互联网"上"搬到了互联网"下"。

对此，我们在前文诸多地方已经有过探讨。简而言之，这套早在"哎呀呀"时期就开始萌芽的极具互联网精神的系统在实现高效管控的方面发挥了巨大的作用。

对顾客而言，无忧购物，无忧结算，快捷简单，小小的收银台能解决一切问题，售价一目了然、诚信透明。

对门店而言，每日营收和细致到每一款商品的销量一目了然，产品分析变得直观可视，进货和补货也全部通过信息化手段在线下单，实时接收总部的调配。

对总部而言，一位数据员就可以同时观测50家门店的数据变化，哪家门店卖得好、该找哪家门店"吃饭"、哪些商品的销量出现了问题、哪些供应商跟不上节奏，这些全靠数字说话。

众所周知，名创优品的物流系统和供应链系统全球领先。然而若是没有这一套高效反馈的"大后台"，一旦信息的传递方面出现了问题，那么一切后续工作都免谈。

我们可以说,是"大后台"实现了"小前台";我们也可以说,是"大后台"实现了名创优品对千余家门店的"总部直管"。

然而在这个问题本该接近尾声的时候,我却突然有感而发想补充几句看上去"不大重要",却可以披上"思辨精神"外衣的"题外话"。

这几句"题外话"来源于一个很有意思的现象,那便是:当叶国富将这种名曰"小前台,大后台"的模式推广到名创优品中之后,很快就引发了广泛热议和追捧。

叫好声一片,赞美的内容则千篇一律:"名创优品这是打破常规!独辟蹊径!"

这样来看,似乎在相当一部分人眼中,名创优品有关"小前台,大后台"管理系统的建设都是"非常规"的。

可是,真的是这样吗?

"小前台,大后台"的理论,并非名创优品首创。如我们前文所言,这样的例子在互联网企业中翻一翻,能信口拈来的没有一千也有八百。这种理念在互联网企业里,本身就是最标准的"常规"。

这样看来,一个不过仅仅创办了数年的名创优品如此"借鉴"要打破的是哪门子的"常规"呢?

而当我们再将目光退回到传统产业当中的时候,答案或许便立见分晓。因为在传统的实体零售业中,最常见的管理经营模式恰恰是:"小后台,大前台。"

那么,什么是"小后台,大前台"呢?

有一阵子书店里有关销售与市场的"辩证法"图书异常多，这些火爆一时的书籍里最喜欢做的一件事就是给销售人员和企业家洗脑，部分文章的字里行间甚至透露出要将销售奉为一家企业成功信条的意味。

这些书籍中的绝大多数案例，都发生在实体零售业。

在实体零售业，销售人员总是多如繁星。不少地方会出现一个企业半数以上的员工都在拼命地跑市场的现象，有的公司甚至号称坐拥十余万的销售大军，全部都安排在一线战斗。

这种现象就是我们所说的"大前台"的重要表现形式之一。而在繁重的前台之下，后台系统则非常羸弱，仅仅可以满足发货、物流、人事、财务这样的简单功能，其他工作都需要投入更多的人力成本、时间成本和沟通成本。

对这样的企业而言，他们的市场往往非常庞大，遍布全国，却效率低下、不够精准；他们的员工往往多如牛毛，忙忙碌碌，却常常被重复性和无目的性的工作牵绊住手脚；他们也许同样具备强大的物流系统和供应链系统，却因缺乏科学精确的数据分析和迅捷确凿的实时反馈而让物流与供应链系统的"强壮"成为摆设。

这样的企业与互联网企业相比，就好像后者已经开始使用人手一部的移动电话，而前者还在维持着一个村庄一部固定电话的状态，当有信息急不可耐地从外界传入的时候，信息的接收者就不得不准确地"破译"层层传话带来的误差和延迟。

这种传统而守旧的经营管理模式在竞争不激烈的时候或许可

以获得发展，但是在今天这种落后的组织结构早已不能支持他们更好地决策和运作。

有人说中国的企业与中国的"土豪"一样，总是"富不过三代"。

这无关"宿命论"，大概也不太关乎国情。无论对企业还是"土豪"而言都是一样，难以传承的原因往往在于内涵的积淀不足。对"土豪"而言，这大概更多地体现在对子女的教育方面；而对企业而言，则在于核心经营体系的建设。如果体系完善得好，不管是谁都可以依靠这个去指挥、去架构、去布局、去执行；当体系不行的时候，仅仅依靠企业家的人格魅力等来支撑市场是不切实际的。

事实上我们很容易会发现，在所谓的实体业"逆势"下可以上行的企业，都是后台极度活跃和发展的企业；而在所谓的"线上"冲击下走向没落的企业，很多都是后台支持系统匮乏的企业。

如果说叶国富真的是在"打破常规"，那么他也仅仅是在打破传统实体零售业思维模式的陈旧禁锢，从而为名创优品的实体零售之路插上互联网的翅膀。

这样看来，比起如何实现"直营"效果，如何建设"小前台大后台"而言，更重要的，还是"与时俱进"和"博采众家之长"，还是互联网思维的运用，还是理念上的革新和思想上的变通。

4. 员工管理：极简主义

有人说叶国富是个"怕麻烦"的人，论其这番言论的依据，则来源于叶国富在员工管理方面的"省心省力"。

如果问及叶国富,他想必会说:不是我"怕麻烦",而是这个"麻烦"一般人惹不起。

众所周知,无论是传统零售业态还是新零售业态,"人"始终都是全球化战略背后的重要支撑。

两年多的时间,名创优品的员工队伍已然扩大到庞大的15 000余人,这个数字还在持续增长。

叶国富提出的"带资加盟"模式规避了因传统加盟连锁模式而可能引发的一系列风险,却将数字甚巨的员工队伍的管理和建设揽在了自己的身上。

为了恰到好处地处理这块"烫手山芋",叶国富曾花大价钱请来Hay集团做名创人力资源体系建设,还曾和高管团队一起研读华为人力资源管理纲要——《以奋斗者为本》。

当很多人好奇叶国富究竟钻研出了什么样"惊世骇俗"的成果使得名创优品在快速扩张的同时依旧各个门店井然有序的时候,叶国富在员工管理方面提出的观点却只说明了一件事:"能把简单的事情变复杂不是本事,而能把复杂的事情变简单才是能力。"

这便是:极简主义。

我将之归结为两点:"架构极简"和"服务极简"。

这二者在为名创优品极大地缓解了管理上的矛盾之余,还巧妙地体现出一种极致的、以顾客为本的理念,可谓"一箭双雕"。

【架构极简】

叶国富认为:"信息渠道不能只靠下级汇报,想听真话得多直面消费者。"

这种观念，让叶国富格外偏爱组织架构上的扁平化，在他以下只有总监、区域经理和店长三级。

所谓的"扁平化管理"理念我们都可以理解，这是企业为解决层级结构的组织形式在现代环境下面临的难题而实施的一种管理模式。

一般来说，当一家企业规模扩大时，最有效的办法莫过于两种，其一是增加管理层次，其二是增加管理幅度。

关于"管理层次"和"管理幅度"两个概念，相信大家都很清楚。说白了，所谓的管理层次就是指企业纵向划分出的管理层级的数目，而管理幅度指的就是"每一位领导者能管多少人"。显而易见，管理幅度受到每一位领导者智能、精力和时间的限制。

很显然，在管理对象数量确定的条件下，两者呈反比关系：管理幅度越宽，需要设置的管理层次就越少；管理幅度越窄，需要设置的管理层次就越多。

对于扁平化管理理念而言，它表达的是当管理层次减少而管理幅度增加时，金字塔状的组织形式就会被"压缩"成扁平状的组织形式。

在传统行业中所谓的"扁平化"概念之所以难以得到推行，是因为这种极大地增加管理幅度的做法很容易导致领导者负担过重或出现管理混乱，有时候这种问题的严重性甚至远大于因管理层次增加而带来的相对低下的工作效率的影响。

然而在互联网相关企业，传统的管理幅度理论便显得有些不同了。

在传统的管理幅度理论中,制约管理幅度增加的关键,是无法处理管理幅度增加后指数化增长的信息量和复杂的人际关系,而这些问题在计算机强大的信息处理能力下就能迎刃而解。

对将互联网思维搬到"线下"的名创优品而言,更容易迅速适应市场变化需要的扁平化管理模式更为适合。

它的特点是"紧凑"而"干练",中上层的管理者与消费者之间的通路短而宽,没有冗余人员,使得企业的运作更加高效。

有关架构的极简说到底,不过又是一场关于互联网思维的旧调重弹。它具备很强的理论依据和战略思维,但是无关乎创新与创意。

对于名创优品而言,有关"服务极简"的问题大概更具特色。

【服务极简】

2014年,有这样一家理发店火了。它的名字叫作"CQ2台湾快剪"。

这家理发店将寻常理发店"洗剪吹"的主营业务缩减为"剪"。10分钟剪好一个,每单只收10块钱,理发师既不会絮絮叨叨和你讨论家长里短,也不会向你没完没了推介新发型和护发产品。在这里,他们绝无废话:你来了,你请坐,我剪我的,你玩你的,语言精练得都恨不得用古汉语。

定位绝对清晰,流程绝对精简,服务绝对简洁。

就是这样的一家理发店却吸引了庞大的客户群,"简服务"的理念则带来了"零投诉"的结果。

这，就是我们要讨论的——"去服务化"。

事实上，上面的例子有点极端。因为"CQ2台湾快剪"是一个发生在"服务行业"的"去服务化"案例，这使得"去服务化"的理念并不适宜在全部的类似商家中推行。然而，名创优品却让我们看到了这种理念在实体零售业中更大的可能性。

论起名创优品庞大的员工团队，抛开我们已经谈过的管理模式问题，仍然存在这样两个问题：

其一是员工的培训。

这个问题说大不大，说小不小。名创优品极其重视员工的培养，针对中层以上的管理者，叶国富专门请美国最大的人力资源领导力培训公司来开课。而针对数量更为惊人的基层人员，如何用最快捷的方式对他们进行统一化、标准化的培训成了一个值得思索的问题。

其二则是基于扁平化管理模式下的人员精简而带来的疑虑。

这个看上去算不得问题的问题，实则足以引人深思。众所周知，对于一家快时尚服装品牌而言，企业和门店往往要求店员向顾客提供一对一甚至多对一的推介销售服务；而对于一些服装均价动辄五千元以上的高端品牌而言，他们更是将精细化服务推广到了极致。因此，他们的店员往往不在少数。

据一位曾在Only任职导购的朋友所说，Only以及与Only近似的服装品牌往往采取两班轮换制度，每班人员在8、9个，合计将近20人；如果是更小一点的店铺，则是每班5、6个，合计12人左右。

秉承着精简模式的一家名创优品门店有多少人？

根据名创优品华北地区的负责人所言，开业要求是：10平方米1个员工，具体运营中会根据各个门店的实际情况进行调整。

事实上，以一家业绩与流量处在平均位置、100平方米的名创优品门店为例，算上收银台的收银员，寻常时候的在店人数只有3～4个。

这样少的店员是否能给顾客带来最好的购物体验？这大概同样是一个有待论证的问题。

然而在叶国富的眼中，解决这两个问题的关键，恰是我们提到过的"去服务化"。或者说，是"服务极简"。

在他看来，销售领域最好的服务就是"不服务"。

有一天我无意间在豆瓣看到一则关于ONLY和VERO MODA的门店导购的吐槽，大意是说这种导购员无异于推销员，以服务为名紧随顾客身后持续不断地吹"耳边风"："这个款漂亮！那个款便宜！一起买最划算！"

这种做法带来的结果，往往是给予消费者以重重重压。

我认为销售领域最大的一个误区来自于一句话，就是："将顾客看作上帝。"

许多企业根本不明白什么才是"上帝"。

左顾右盼防贼一般盯着顾客的，那是拿顾客当"窃贼"。

前呼后拥嘘寒问暖热情得过分的，那是拿顾客当"皇帝"。

花言巧语绞尽脑汁推销产品的，那是拿顾客当"财神"。

每每遇到这种现象，我脑子里蹦出来的只有一句话："少一些套路，多一些真诚。"

什么是"上帝"？

上帝就是顾客在门店内拥有绝对的自由，可以随心所欲。

在这方面，宜家和优衣库是绝佳的例子。而它们给顾客带来的"上帝"般的体验得益于一个词：自助式购物。

优衣库对员工的要求是："**店员不在消费者身边给予建议，不影响顾客试衣体验。**"

而宜家则更为尤甚，除了最大限度地确保消费者购物过程的轻松自主，还为顾客创造出自由开放的体验氛围，这便让"蹭睡族"的身影出现在了宜家。

对名创优品来说，基于对"自助"二字的考虑，它制定了一份相当简短的员工职责条例，一共三条，包含"两必做"和"一不做"。

"两必做"指的是："整理货架、防火防盗。"

"一不做"指的是："不干扰顾客购物。"

叶国富对"一不做"则显得格外重视，他说："不但要不去干扰顾客，对正在挑选商品的顾客，你连看也不要看！"

有了这份员工职责条例，对店员的培训就变得简单到不能再简单，不存在任何营销策略，不存在任何套路式的话术，只要你年轻富有热情，只要你能做到以上的"两必做"和"一不做"，你便可以"持证上岗"。

而也是因了这种"去服务化"的观念所创造出来的自由开放的氛围，愿意走进名创优品门店内的消费者不减反增。

有人说，这是一个服务化大行其道的时代。顾客的期望越来越多样化、精细化，因此服务化是大势所趋。传统的生产企业将焦点放在提供更多的服务上，而商家也使出浑身解数，以期找到别出心裁的服务给消费者带来"超预期"的体验。

而对名创优品来说，它成为一个在服务化大行其道的时代依靠"去服务化"突围成功的案例。它在做的，是用产品本身带去"超预期"，用"自主化"的购物体验实现"多样化"。

名创优品是"极简"的，它的产品设计是极简的、物流系统是极简的、员工管理是极简的……

它的"极简"成了一个品牌高度统一的灵魂本质，这种"极简"使它在整个实体零售业中都显得匠心独运、别具一格。

07 重新定义全球零售业
用模式思维代替战略思维

● REDEFINE THE GLOBAL RETAIL INDUSTRY ●

将在谋而不在勇,兵在精而不在多。

——冯梦龙

比起全书的长篇大论，兴许我们更值得去探索某种更为精简的思维模式，它需要直击要害、适宜推广，比繁复的战略布局更凝练，比广泛的目标格局更微缩。

它是"将"之勇，也是"兵"之多；

它比实践本身更具备实践意义；

它比抽象理论更具备启发精神。

1. 设计模式：紧扣消费升级的本质

事实上我们已经用太多的篇幅讨论了设计，但有关设计的探讨永远不会嫌多。

从视觉审美上来说，极简的是设计，繁复的也是设计。

从功能研发上来说，新潮的是设计，实用的也是设计。

因此，好的产品设计有很多种，可好的产品设计模式却只有一种：它是无印良品的"回归产品本质"，是优衣库的"技术流与时尚力的整合"，更是名创优品的"出售优质的生活方式"。

我们将这种设计模式形容为：紧扣"消费升级本质"。

这种设计模式体现了在这个包容兼并的时代下"齐放"的"百花"高度统一的根系，也解释了大多数优秀品牌借助于其独特的产品设计蓬勃发展、展示出越来越旺盛的生命力的根本原因。

这种思维模式无关乎细节上的设计理念和产品研发过程中的细节实现，而是取决于社会发展的动向，以及由时代铺铸的、已经清晰可见的未来。

2016 年，《大西洋月刊》联合高盛全球投资研究所发布了一份有关 2015 年《中国消费者新消费阶层崛起》的报告。报告中指出：

中国城市中产消费者的人数已经高达 1.46 亿，他们的人均年收入在 11 733 美元左右。

此外，报告中值得一提的一点是：

这一亿余人次的中产消费者连同另外 2.36 亿的城市大众消费者有一个共同点，那便是：他们都"不再只会花钱去置办基本品了"。

"不再只会花钱去置办基本品了"，就意味着消费诉求的提高。

事实上，这种观念和趋势在全球范围内也得到了佐证。

如果哪位朋友曾有过关注全球市值排行榜的习惯，那么一定十分清楚，在 2010 年以前，排在这张榜单上的前几名往往不是石油企业就是金融企业或者汽车制造业；然而从2010年以后，越来越多的消费企业开始攀上顶峰，其中2011年至2015年连续独占鳌头的苹果公司（也是高科技企业）就是一个绝好的例子。

谈消费升级一定离不开对高品质生活的追求，至于如何将之落实在具体的产品设计上，我想我们可以分为两大部分来谈：其一可以对现有产品的优化做一个概念化的补充说明，其二可以对全新行业的探索做一个启发式的导航。

【1】对现有产品的优化

我们都知道，今天的消费者购买一款产品之前会将价格、品牌、品质和个性化作为一项综合评分进行权衡，而非仅仅依靠价格驱动。那么，我们便可以从产品的角度这样来看消费升级：

它与花钱的多少无关，与购买的频次无关。究其背后的推动力，往往不是因为生活的改变所以需要新产品，而是因为想改变生活所以需要新东西。

这意味着消费者在产品的选择上将抱有"越来越少的将就"和"越来越多的讲究"。

这意味着一款想要以消费升级作为设计依据的产品，必须在内容上具备很强的"专业度"和"引导力"，才能左右用户"不同于以往"的消费决策。

说得更直白些，这种"设计模式"的核心，就是"专业"和"匠心"。

以这种理念作为扎根土壤的企业，其研发的产品或有优衣库的"高科技",或有无印良品以及名创优品的"高品质",或有晨光文具的"独特款式",但它们无一例外都满足了消费者对更高体验的追求和挑战,同时也符合了消费升级的基本需求。

2015年1月,凡客CEO陈年写了一篇名为《所有凑热闹的公司都会烟消云散》的文章,借此反思之前的创业历程。而在这篇可称之为他的"反思成果"的文章里被强调得最多的一个观点,恰是:

"要把一个产品做到极致。"

【2】对全新行业的探索

这里说的,是消费升级的方向。

我们在过去对产品设计的探讨中,常常会忽略"领域"问题,这是因为我们始终秉承着"香皂企业"就是做香皂、"服装企业"就是做服装的观念。

然而如若将我们自己看作一个刚刚走出大学校门的创业者,当我们想做一款产品的时候,优先考虑的往往是:"做什么领域的产品最有市场?"

事实上,作为一个企业管理者,在具备"工匠精神"脚踏实地的同时,适时地"仰望星空"往往会为自己打开一片新天地。在这个时候,我们该考虑的问题可以由"这款产品的瑕疵如何改进"演变为"当一个国家的人均GDP达到一定水准之后,当基本的衣食住行得到满足之后,今后消费升级的方向会在哪里?"

是健康?是娱乐?是旅游?

近几年保健品热潮"高烧不退",娱乐电影行业蓬勃发展甚至陷入IP难求的境地,而作为精神层面娱乐方式的旅游业同样广受关注。要知道近五年来,中国的出境旅游产品销售数量上涨异常迅猛。

我想,这可能也是叶国富试图涉足旅游业的重要原因之一。

紧追消费升级方向,是一种极其明智的做法。

事实上,当消费升级被作用于"老产品"与"新行业"上的时候,许许多多的社会现状便都可以得到阐释。

前者可以以一种全新的角度解读消费者追求优质产品赴日购物的狂风大潮。

后者则可以解释越来越多企业对于"跨界打劫"一词过分热衷的原因。

然而无论是赴日购物风潮的爆发还是企业近两年来对"跨界打劫"不约而同地兴致勃勃,都不该只让我们由"路人"转变为"看官"。如何拨开现象剖析本质,将现象之外的时代动向运用在产品的设计和研发方面,将成为一款产品成功与否的关键。

2. 营销模式:粉丝时代

我曾开发过手机游戏,也曾发布过移动平台的应用。

因此我深知,在包含移动游戏和应用在内的互联网行业以及与数字产业有关的一切领域,最让人着魔的一个词莫过于:**流量变现**。

什么是"流量变现"?

这样一个简单浅显的公式可以让该问题变得一目了然：

用户 = 流量 = 金钱

说穿了，这就是一个有关"买卖人口"的游戏。

然而互联网的时代离不开社交媒体的发展和社交媒体式的营销，这就让另一个不得不被提及的词汇再一次进入我们的视野：粉丝。

那么，粉丝和用户有什么区别？

有人告诉我：粉丝就是忠实的用户。

还有人补充：粉丝的集合一定是用户的子集。

这样的解读，不过是停留于传统营销模式层面的传统观念。在这个社交媒体为王的时代，我们更愿意将粉丝和用户区别开来。这二者是两个不同的集合，甚至在互联网的影响下，有时粉丝集合将大于用户集合。如果不究其细节，它们的交集则可以被"不严谨"地称为"忠实用户"或"铁杆粉丝"。

"粉丝"二字之所以会在传统行业内和互联网时代下有截然不同的两种定义，其原因也不难理解。

一般来说，我们将"粉丝经济"的坚实基础定义为：

"粉丝消费的不仅是产品，也是消费品牌形象背后故事的过程。通过认同形象背后的故事和经历，来认同品牌形象；通过认同品牌形象，来建立与品牌之间感情交流的桥梁。"

在传统行业里，消费者获悉品牌与企业的手段单一，对品牌理念的认知绝大多数依赖于对产品本身的认知。如果消费者想与品牌运营者或企业负责人"面对面"交流沟通，则需越过"千山万嶂"、跨过"重重沟渠"。

而在互联网的影响下,随着微博、微信等社交媒体的飞速发展,消费者完全可以不借助于产品的桥梁深度了解一个品牌的经营理念和一个企业背后蕴含的文化精髓。互联网精神中的"去渠道化"同样体现在了沟通和社交层面:各个行业大佬迅速开辟微博和公众号"抢占山头",通过自身形象的"网红化"持续吸睛;这种"品牌个人化"和自媒体化的手段也替品牌打开了一扇"博人眼球"和"增强粉丝黏度"的门:只要我喜欢你的长相、喜欢你的理论又或者认同你的价值观,无关乎你的产品,我就是"捧"你!

那么,粉丝的力量究竟有多惊人?

曾经有一段比喻在网络上的转发量一路飙升:

有 100 个粉丝,你就是本校园读物;

有 1 000 个粉丝,你就相当于一个公告栏;

如果你的粉丝超过了 1 万个,你就是一本时尚杂志;

如果超过了 10 万个,你就是一份生活都市报;

如果超过了 100 万个,恭喜你,你已经晋升为全国性报纸了;

如果超过了 1 000 万个,就相当于知名电视台了。

而一份从一个名为"城外圈"营销平台上获得的相关数据显示:

如果一个微博拥有超过 10 万名粉丝,那么在它上面发布一条信息的价格就超过 300 元;

如果一个微博拥有超过 20 万名粉丝,那么在它上面发布一

条信息的价格就很可能高达 700 ~ 800 元;

对一些影视明星的微博而言,发布或者转发一条信息的价位则高达数万或者数十万元。

显而易见,无论从知名度的角度来看,还是从商业化的角度来说,粉丝的力量都不可小觑。

而粉丝经济在中国的大红大紫却大概早就可以预见,毕竟中国的人口红利搭配互联网的"顺风车",其造成的连耳边飞过一只苍蝇都能引发众议的效果可想而知。

于是,我们将这个时代称为狂热的时代、话题的时代、跟风的时代、"砸钱赚吆喝"的时代、极具"娱乐精神"的时代……

这个时代,就叫作"粉丝时代"。

基于这个时代而诞生的一种行之有效、大受推崇的营销方式,就叫作:"粉丝营销"。

众所周知,奉行"去品牌化"的名创优品从不急功近利地苛求营销,故而我在前文并没有耗费太多笔墨在名创优品的"营销"问题上。

事实也的确如此,有关名创优品做营销的例子不多,详细分析起来也不过三点。但有别于名创模式不少"绝招"狠辣却非人人能"练就"的缺陷,名创模式下的营销方案简练直白,却招招致命、人人可用,而效果也好得惊人。

2016 年上半年,中国微信 500 强榜单发布。该榜单为界内最专业与权威的微信榜单,采集与统计了全年的庞大数据,完整地呈现了 10 万以上的阅读数。而在榜单前列的人民日报、微信路况、央视新闻、冷兔等著名微信号之间，名创优品的公众号也赫然排列其中。在这个时候，名创优品的微信公众号粉丝早已突破了一千万大关。

达成这种效果的三个关键点，我将它们称为：互动、内容、借力。

【互动】

我们在探讨"粉丝"的时候说过这样一句话："喜欢你的理论又或者认同你的价值观，无关乎你的产品。"

想要在无关乎产品的基础上认同我们的理论和理念，势必离不开互动。

除了将人与人的交流当作互动之外，如果把互动作为一种营销手段，那么我们更普遍的说法就是"互动"即"活动"。

谈到活动，小米就是深谙其道的营销高手。

众所周知，它喜欢搞"线下活动"，且理由也很强势：面对面的"耳濡目染"，总好过隔着屏幕和网络的"鸿雁传书"。

而对名创优品来说，则将"活动"作为品牌与消费者深度接触，并展开名副其实的互动的第一步。

在公众号酝酿期间，名创优品于行业内首推"扫描微信号即可免费赠送购物袋"活动，以实在的福利引起粉丝关注，轻松开始了从"线下"到"线上"的导流，实现了"线下"与"线上"的相互作用力。

【内容】

营销的内容离不开产品。

可在粉丝时代，我们不谈产品。我们要谈的，是名创优品"营销手段"的"内容"。

精确到实操上，最典型的例子就成了名创优品公众号内运营的文章。

它们既承担了"产品使用教师"的职责，又成了品牌的"宣传推广大使"。因此，其公众号内容的趣味性、新鲜感、实用性也深受年轻人的喜爱。

"如何省时免费清洗浴室？"

"香水的所有入门姿势都在这里了！"

"不止旅行，日常生活也能用到的 24 个小技能 get。"

……

这些颇具吸引力的标题和丰富度极高的内容为消费者构建了线上线下全场景一站式消费体验。

更重要的是，这种"内容"加深了"粉丝"与品牌之间的精神和情感关联，能在产品之外持续不断地向消费者输送品牌理念、灌输品牌宗旨，成为培养"铁杆粉丝"和"长期客户"的利器。

内容很重要，互动也很重要。但是在我看来，这两者都尚未触及"粉丝时代"的营销核心。

粉丝时代是轰炸式的时代，是爆炸式的时代，是无数双眼睛和耳朵聚集的时代，是稍有新闻便"狂风大作"的时代。

有了丰富的内容和优秀的互动想法，恰如火攻曹操之计，"万事俱备，只欠东风"。

我认为，粉丝时代营销的核心在于最后一项：借力。

【借力】

说起名创优品的大红大紫，离不开郎咸平的推介，也离不开吴晓波的访谈，但是最大的功劳却来自这样一桩"突发事件"。

2014年12月18日上午，两位名曰杜某和李某的记者，在未经过调查的情况下，就在《广州日报》上发表了一篇名为《"名创优品"隐瞒中国血统》的文章，内文暗示名创优品涉嫌"山寨""侵权"、出售"伪劣"制品，其中提出的三个问题引发热议：

其一是为什么名创优品作为日本品牌，中国商标却注册得比日本商标要早；

其二是为什么名创优品作为日本品牌，产品却是中国制造；

其三是为什么一些商品与其他大牌产品外观类似。

在事件发生后的几个小时之内，名创优品确认这篇文章为不实报道；且经过核实，报道中提到的品牌相关负责人并未接到过《广州日报》记者的电话及短信。于是，名创优品迅速启动"专业机构"调查系统。

2014年12月18日下午，《广州日报》紧急撤掉了该报道的内容，但部分网络媒体在别有用心的人士操作下进行转载，瞬间引爆网络引发众议。

随后，名创优品所委托的"专业机构"调查系统初步查明：《广州日报》该文的"鸡蛋里挑骨头"、恶意中伤，是名创优品竞争对手暗地里有组织、有策划的蓄意伤害事件，是通过金钱收买记者和主任撰写企业虚假信息的行为。

这桩事件的真相仅仅用了不到两天时间便水落石出，可是带来的影响却持续了近两年之久。事实上，正是这篇名为《"名创优品"隐瞒中国血统》的文章掀起了其后的轩然大波，文章撰写者罗列的诸多"内幕"勾起了读者的兴趣，致使数不清的媒体和不明真相的网友加入了"抨击"名创优品的队伍中，推波助澜地引爆了话题。

2014年正处于紧急"开店年"的名创优品虽算不得"名不见经传"，但也绝对称不上"赫赫有名"。可当质疑声铺天盖地袭来的时候，当名创优品潜在的竞争对手坐等这出好戏登场以将名创优品杀得片甲不留的时候，叶国富却十分淡定。

对此，他在后来的一次演讲中这样描述：

"那段时间我们的业绩没有受到影响，反而上升很快。这就是可怕的地方，名创优品事件的背后揭露了人性。今天我们说一个人好，没有人听得进去；说你坏，说你差，说你不好，一定会有很多人关注你。"

而针对那篇堪称"罪魁"的文章中提出的最为犀利的三个问题，叶国富直到事件发生的两年后才进行回应。至于原因，叶国富的回答颇具深意：

"他们问的这些非常可笑的问题让我实在不想回答。正因为名创优品有争议，才有了今天的发展速度和知名度。"

在这件事上，面对徒劳无功的辩驳和顺水推舟的筹谋，叶国富和名创优品选择了后者。

于是，这场以抹黑者为开端，据说耗费了重金又费尽周折的"炒作"，最终以名创优品品牌的大获全胜收场。

这样出奇制胜，"放任"谣言发展，只靠品牌说话的处理方式巧妙地将劣势转化为优势，既引发了关注，又为媒体贡献了更多的"新闻内容"，让人无法不感叹这是一个与粉丝时代有关的、十分成功的营销案例。

站在粉丝时代的风口浪尖，无论是谁都难以置身事外。当滔天恶浪席卷而来的时候，是放弃抵抗随波逐流，还是依靠"内容"和"互动""借力打力"争当时代的弄潮儿，就成为一个品牌乃至一个企业能否脱颖而出的关键。

3. 盈利模式：有关"现金流"的传说

用友软件股份有限公司董事长王文京说过这样一句话：

"所有企业未来也都将成为金融企业。"

这番话是他在2015年的企业"互联网+"行动大会上提出的。至于论据，他如是表述："当代经济驱动发展有两个重要的原则，一是互联网科技，二是金融。这个看法已经成为大家的共识，是各行各业企业的共同需要和共同发展趋势。"

那么，这番有关所有企业都会化身为金融企业的言论对吗？

严格来说，问题很大。

什么叫"金融企业"？说白了，最简单的例子就是银行，邮政储蓄银行、国有商业银行、股份制商业银行、信托投资公司、金融资产管理公司……这些机构在做的事情全都大同小异:"搞的是金融产品,卖的是金融服务。"

不是每家企业都会变成银行,更不是只要有企业开展了金融业务就可以称自己为金融企业。

虽然王文京的话不严谨,但并不妨碍我们尝试利用中学语文课上那一套解读中心思想的方法揣摩一下他的"写作意图"。

事实上,叶国富的一句话很好地替王文京的言论做了补充和解答,他说:"做金融,是未来一个企业做大做强的标配。"

什么叫作金融?

说白了就是投入的是货币,产出的是货币,玩的是货币到货币的游戏,做的是"钱生钱"的生意。

这就不免要让我们提到另一个关键词:现金流。

事实上,一个公司的价值往往体现在其未来自由现金流的折现上。

说到这里也许有人会产生疑问:"现金流是什么鬼?一个公司的首要目标难道不是净利润?"

兴许与现金流比起来,关于利润的追求似乎更符合我们所认知的商业常识。

在这里,我们可以举这样一个例子。

假如我们手里有10块钱零花钱。A和B是我们的小伙伴,都在做着某种小生意。A未来一周每天的净利润是3块钱,每天早晨他都要把头一天盈利的3块钱投入到新的一天生意的运作中。B未来一周每天的净利润是零,但是每天都可以产生自由现金流

3 块钱。

A 和 B 都想得到我们的投资,我们应该给谁投?

投给 A?这很好,但是可以预估的事实告诉我们,一周以后我们将什么都得不到。

投给 B?看上去他没有任何盈利,可一周后他手里会有 21 块钱的现金流,而我们很可能享有一部分的使用权,或者享受这 21 块钱给我们带来的利息以及其他附加好处。

如果这样来看,利润真的是最重要的吗?

关于利润和现金流的抉择,商业巨头们是怎么看的呢?

杰夫·贝佐斯(Jeff Bezos)创办了全球最大的网上书店——Amazon(亚马逊),曾经有过不少与之相关的书籍详尽讲述了贝佐斯的商业哲学。

如果我们曾见到过亚马逊的历年年报,就会发现一个有趣的现象,那便是在 1997 年到 2015 年将近 20 年的时间里,亚马逊的营业收入实现了近指数式的增长,但盈利一直接近于 0。

也许有人会问:"为什么一家不赚钱的企业,也能称得上是互联网巨头?"

还有一个挺有趣的例子就是京东,如果我们把时间倒推 3 年,处在 2013 年的京东集团仅仅在第一季度和第三季度做到了勉强盈利。彼时,京东正准备登陆纳斯达克,这样的盈利几乎是有意安排。而从 2013 年第四季度开始,京东就恢复了巨额亏损的面貌,并一直延续至今。

也许有人会问:"京东一直在亏,为什么刘强东还这么有钱,又买飞机又开奶茶馆？"

当然这样的企业还有苏宁国美等，很早之前就有人抛出过质疑："不赚钱还开店？作死？"

事实上，这些企业的经营模式各有不同，但它们的目的是相同的，那就是：获取现金流。

贝佐斯在2004年致股东的信里写到的一句话也恰印证了这个观点：

"衡量亚马逊的最终财务指标，也是长期以来我们最想推动的，是每股自由现金流。"

在这里，我们做出另一种假设。

假设还是A和B，只不过这一次身份变了，A是一家企业的经营者，B是客户。

B每天给A 1块钱，要求是A每3天还给B 1块钱。那么，A赚钱了吗？

在收到前3天的3块钱盈利之后，每周A还可以得到7块钱的现金流，以及银行利息。

我们将之推广到商业巨头们的身上。

我们假设苏宁一年营收100亿元，如果延迟三个月还款，手里就有25亿元现金流；如果延迟六个月还款，手里就有50亿元现金流。

如果苏宁疯狂开店扩大现金流，一年创造了200亿元营收，那么情况可想而知。

也许有人会问："为什么我们不能在保证利润的基础上实现

庞大的现金流?"

当然可以,然而实际的商业环境往往十分复杂,三言两语无法阐明其中需要做出的权衡,最简单的例子就是一味追求盈利、加大投入而致使的现金流的持续减少。这是一个挺特别却在商业环境中挺常见的盈利和自由现金流对立的例子,当二者只能保其一,你会选择哪个?

我认为读至此处,如果再谈及名创优品,想必大家早已心里有数。关于名创优品的例子实则很像我们刚刚提到过的那个有关A和B的例子,也很类似我们对苏宁做出的假设。

要知道,名创优品一款产品的毛利率只有8%,远低于日本百元店的40%。那么,它哪里来的底气玩它的"产品买断制"和"一手交钱一手交货制"再把风险全部压在自己的身上?

然而,名创优品的每名投资者需要向名创优品缴纳20万元的品牌使用费,和70万元的货品保证金。

我们假设名创优品第一年开店500家,那这一年收回的品牌使用费就是10亿元。而根据我们所调研的结果,名创优品的撤店和返资需要3个月左右,这就相当于我们前文例子所提的"延迟还款"。

然而如上所说,我们还没有提到货品保证金的问题。根据官方解释,70万元的货品保证金可以用于抵消进货款项,可是这70万元显然不可能在第一个月就会在进货上被花得精光。于是,现金流再一次增加了。

相比较可以作假的利润额,现金流才是真金白银,有就是有,没有就是没有。后者是实打实的企业账户里的现金存量变化的表示；而前者可能只是财务报表上的一组数字。

现金流的问题有可能导致一家企业的立即死亡，而利润则不然。

反之，现金流大概才是一家企业最大的价值所在。

这，也同样是名创优品的价值所在。

4. 供应链模式：你学不会的名创优品

实体零售的核心竞争力在哪里？

名创优品交出这样一张答卷，上面只有三个字："少""低""短"。

"少"说的是"成本少"，即以最少的成本，使得顾客能够在正确的地点取得正确的产品，这包括了商品成本和渠道成本；

"低"说的是"库存低"，即将库存积压降到最低的时候仍旧能够提供优质服务；

"短"说的是"周期短"，即缩短产品库存及周转周期，以应付快速的市场环境变化。

名创优品是这三字真言最优秀的践行者之一，关于这一点我们在前文已经讨论得太多。

而我们不曾提及的是，这三点恰恰就是供应链管理的核心要素。

因此，我们可以把整个回答变得更简单一些，即零售业的核心竞争力,就在于供应链管理。

什么是供应链?

在这里,更妥帖的做法还是将课堂上和课本中的说法"生搬照抄"。

供应链是围绕核心企业,通过对信息流、物流、资金流的控制,从采购原材料开始,制成中间产品以及最终产品,最后由销售网络把产品送到消费者手中的将供应商、制造商、分销商、零售商直到最终用户连成一个整体的功能网链结构。

要想了解名创优品为什么能在这个网链结构中做到"少""低""短",我们就必须先了解在这个过程中为什么有可能出现"多""高""长",再进一步去看名创优品是如何一一应对的。

为什么成本多?

最典型的原因之一就是"双重边际效应",即供应链上、下游企业为了谋求各自收益最大化,在独立决策的过程中确定的产品价格高于其生产边际成本的现象。

另一项成本则产生在后期管理上,比如仓库租用费、物流服务费、材料周转费。如果将之扩展开来详细来讲,兴许我们也能用个更专业一些的名词概括,即"物料齐套比率差"现象。

它说的是:制造商的上游有多家零部件供应商,只有当各零部件供应商按制造商生产要求准时提供所需部件的种类和数量时,制造商才能开展生产;只要有一家供应商延迟供货或是所提供零部件的数量、类型与制造商生产所需不匹配,都会导致制造商生产的中断。当出现这种不匹配时，就产生了物料齐套比率差问题。

名创优品怎么解决？

商品直采，自主设计，"买断制"分担上游企业风险，设仓建库，自搭物流系统和集配中心。

为什么库存高？

"牛鞭效应"是重要原因之一，即供应链的各节点企业只根据来自其相邻下级企业的需求信息进行生产或供应决策时，需求信息的不真实性会沿着供应链逆流而上，导致订货量逐级放大。

一个很简单的例子发生在供货商端，由于订单处理成本及运输的固定成本很高，同时供应商提供了批量折扣的优惠，下游企业就很可能大批量订购产品，导致订购量大大超出需求扩张量。

另一个很常见的现象则是高需求产品在供应链中处于短缺状态时，用户为了获得更大份额的配给量，故意夸大其订货需求。而需求一旦降温，就会造成需求变异放大现象。

名创优品怎么解决？

依旧实行大批量买断，依靠优质的产品设计和精准的产品定位打造"爆款"引发抢购热潮，通过稳定合理的定价保证销售淡季的平稳销量，借此降低库存积压的可能性；同时通过IT系统的建设共享需求信息，提高透明度。

为什么周期长？

供应链层级多导致的供应链过长，前文所提及的"物料齐套比率差"现象和物流的不合理都是导致该问题的关键因素。

名创优品怎么解决？

商品直采，IT 系统快速响应，加速资金流转，优化物流服务。

每每谈及名创优品的成功之处，总会有人一再强调："是供应链，一定是供应链。"

诚然，一套好的供应链模式可以带来低成本运营，而低成本运营则带来了名创优品"优质低价"的核心。有了这种核心优势，在市场不好的时候，它可以借此生存；在市场好的时候，它能够比别人活得更好。

然而供应链的概念太宽泛，通过我们上述内容就可以发现，名创优品在供应链优化方面所做出的努力几乎已经贯穿了全书，不管是"卖什么和怎么卖"的话题还是"产品如何设计"的理论。每一篇文章的内容或多或少都和其供应链系统管理得以成功建设的原因有脱不开的干系。

这也是我在全书中无数次将"供应链"三个字挂在嘴边，可看上去却只谈细节不谈全局的原因。

谈及名创优品，我们往往只关注"窍门"和"秘籍"，想借此实现"面面俱到"，而这样的结果却常常是"面面不到"。

因此别去责备名创优品害了很多试图跟风的创业者，因为错不在它。

毕竟我们不是每个人都能和叶国富一样，花费 3 000 万元去建设一个完善的 IT 系统；

毕竟我们也不一定具备名创优品那样的核心设计力，有信心通过保证件件"爆款"去解决库存积压风险大批量买断。

因为供应链系统的建设过程中涉及的层面太广，可能的变数太多，而好的供应链系统管理却全然没有捷径，即没有绝对的最优和绝对的常规，有的只是结合自身实际情况尽可能地实现"少""低""短"。

从这个角度来说，名创优品你学不会，也未必要完全学过来。

08 重新定义全球零售业
谁是名创优品的终结者

● REDEFINE THE GLOBAL RETAIL INDUSTRY ●

有同样的警醒

在我们的心头

是同样的运命

在我们的肩头

　　　　　——冯至

每一种思维的流行都与时代的变迁唇齿相依，每一种模式的发展都有其独特的套路可循，每一种兴起都意味着不可预知的没落，而每一种没落都昭示着一个全新的开始。

当"电商"几乎冲垮了"实体"的防线，于是"名创模式"来了。

它踏入了"线下"的沃土，扼住了"线上"的咽喉。

它成了实业里的另类，也化身为电商中的威胁。

我多想为它的成功高唱赞歌，可历史昭昭可见的车辙不能不让我们对它的未来产生疑虑。

当同一种警醒袭上心头，当同一种命运压上肩头——

"谁，会成为名创优品的终结者？"

1. 两份道歉信和一个"活在传说里"的三宅顺也

我不喜欢质疑别人，特别是在一本我已于前文对此人极力褒扬的书里。

因为这种"左右互搏"的辩论无关乎对手,而让我似乎成了一个没有听众的说书者。

然而这种质疑是必要的,它是这个任何一个广义的"世界"的组成部分,它架构出了"褒扬"的对立面,是一面明可鉴人的镜子。

不过说到这里,我还是更愿意从另一个极富娱乐精神且较为轻松有趣的话题谈起。这与前文一个算不得伏笔的伏笔有关,将以三宅顺也的真实性作为开端。

三宅顺也作为一个"神秘创始人"在网络上露面的次数屈指可数,资料也十分简略。有好奇心重的网友曾使用日语在互联网上进行搜索,却一无所获。

我们可以肯定的是,三宅顺也在名创优品诞生之前名不见经传,且并不曾有过什么诸如无印良品艺术总监原研哉一般的丰富阅历和优秀作品。

但凡提及名创优品,我们能看到的似乎只有叶国富。

对于这种现象,甚至早有人提出质疑:莫非对三宅顺也的"雪藏"也是有关"粉丝时代"的营销手段之一?毕竟关于"神秘创始人"的论调足够博人关注。

事实上,在互联网上有关三宅顺也最官方也最详尽的一段文字资料是来自一封"致歉信"。

彼时恰逢名创优品深陷"山寨门",批判方主要的火力集中在部分被印刷错误、有"蒙混过关"之嫌的日文使用说明上。而这两封分别来自于三宅顺也和叶国富的日文道歉信,随之诞生了。

鉴于互联网上关于这封道歉信唯一可以看到的只有一份图片资料，故而我特意托人打出一份电子版放在这里，以供大家参看。原文如下。

謝罪文

この度は、弊社の確認不足で、誤った情報や不完全な日本語が商品や店舗、ＨＰに記載され、お客様や関係者の皆様を混乱させてしまい大変申し訳ございませんでした。

中国で展開している商品や店舗、ＨＰなどのチェックをし切れていなかった弊社の責任を痛感しており、お客様、関係者の皆様に重ねてお詫び申し上げます。

中国で展開している商品店舗、ＨＰなどに掲載されていた誤った情報については、変更や撤去を速やかに行い、改善させるようパートナー企業に指示しております。

お客様を誤解させたり混乱させたりすることがないよう、今後は日本側と中国側で協議し確認した情報を皆様へお伝えしていけるよう体制を整えてまいります。

日本ならではの商品企画を行い、日本の品質を世界へお届けする、という当初のコンセプトを守るべく、頂戴したご意見を真摯に受け止め、スピード感をもって改善を重ねてまいりますので、今後ともご厚情を賜りますようお願い申し上げます。

株式会社　名創優品産業

代表取締役社長　三宅順也

この度は、日本側パートナー企業との事前の確認不足で、誤った情報や不完全な日本語が商品や店舗、ＨＰに記載され、お客様や関係者の皆様を混乱させてしまい大変申し訳ございませんでした。体制の不備を反省し、心よりお詫び申し上げます。

今回の件を受け、社員教育を改めて徹底して、商品や店舗、ＨＰなどにおける表記について社員の意識改革を図るとともに、正しい情報を伝えしていける体制を構築しているところでございます。

弊社はシンプルで機能的な日本ならはの商品に魅了され、日本ならではの商品企画を行い、日本の品質を世界へお届けしたい、との思いで日本側のパートナー企業と協力して事業を始めております。初心を忘れず、頂戴したご意見を真摯に受け止め、これからも改善を重ねてまいりますので、引き続き厚情を賜りますよう何卒よろしくお願い申し上げます。

株式会社　葆揚
代表取締役会長　葉国富

而正当不懂日语的我苦盯着这些文字却无法从中窥出端倪的时候，我的一位善解人意且颇通日本语言的学弟在对这份道歉信不经意的一瞥之下，一句话脱口而出："好奇怪的文法，好明显的错误。"

他的一位日本朋友也做出了自己的判断："这是中国人写的。"

在我的这位学弟与他的日本好友福原君的帮助下，一份对这封道歉信的详尽翻译新鲜出炉了。并且除了一五一十还原道歉信的内容之外，他们还贴心地用中括号对文中的不妥之处进行了修改,详情如下。

道歉信

此此次【此此次→此次】由于敝公司的确认不到位,导致商品、商店以及主页上被记载了【被记载了→记载了】错误的信息和不完全的【不完全的→不准确的】日语,给各位顾客以及有关人员造成混乱【混乱→很大的困扰】,万分抱歉。

深刻认识到了没有彻底核对中国开展的商品、商店及主页的弊公司的责任【深刻认识到了没有彻底核对中国开展的商品、商店及主页的弊公司的责任→敝公司已深刻认识到中国贩卖的商品、开展的商店及主页所记载的内容有误且未及时更正实为敝公司的责任】,再次向各位顾客以及有关人员致以诚挚的歉意。

关于【关于→对于】在中国开展的商品【商品→×】商店以及主页【以及主页→×】记载的错误信息,我们将指示合作企业尽快更改或撤除,做出改善【我们将尽快更改或撤除,做出改善→我们将指示合作企业尽快制定改善策略】。

为了不再给各位顾客造成误解【以及】困扰,今后将调整体制,以便向各位传达日中双方协商和确认的信息。

为了坚守"进行日本特有的商品规划,向世界传递日本品质"的最初理念,我们将诚挚参考收到的宝贵意见,带着紧迫感不断完善,今后也请多关照。

股份有限公司名创优品产业
董事长三宅顺也

这回由于同日方合作企业的事前确认不到位，导致商品、商店以及主页上记载了错误的信息和不完全的【不完全的→不准确的】日语，给各位顾客以及有关人员造成困扰，万分抱歉。反省到体制的不完备，在此表示由衷的歉意。

经过此次事件，敝公司重新贯彻职员教育，随着安排职员们对商品、商店以及主页标记的认识改革，正构建能够【原文中此处漏了お】传达正确信息的体制。

敝公司致力于质朴且具机能性的日本所特有的商品，进行日本特有的商品规划，意欲向世界传递日本品质，怀揣着这样的想法同日方合作企业共同开展事业。我们将不忘初心，诚挚参考收到的宝贵意见，今后也将不断完善，还请继续多多关照。

股份有限公司葆杨
董事长叶国富

事实上，我的学弟和福原君还提供了一份日文版的修改意见，由于篇幅有限和读者群的限制，几经考虑认为在此贴出的必要性不大。不过我要再一次感谢我的这位学弟和他的好朋友福原君，因为通过他们的眼睛，我们或许可以从这些错误的文法、错漏百出的遣词以及两封道歉信的敷衍重复之处大胆地揣测另一种真相。

什么样的真相？

关于三宅顺也是"傀儡创始人"的真相？

这很有趣且富有娱乐精神，但我们不作为主要探讨。毕竟对于一个品牌及其旗下的产品来说，这并不重要。

也许三宅顺也其人的存在，不过是叶国富为了解决在诸如广交会上"潜规则"那般尴尬局面的手段；也许是为了叶国富"借船出海"制造"混血儿"大计上，必不可少的关键一步；也许他真如网友所言，不过是个"吉祥物一般的存在"。

他的确有他存在的理由，但如果上述"也许"全都成立，那么当名创优品将这个"吉祥物"推向前台的时候，就已经违背了其品牌一再强调的"极简化包装"的要求。

而对一个仍存在"过度包装"可能性的企业来说，它的产品我们能相信吗？

与日本的诸多百元店相比，名创优品一向将自己"择"得很干净。

举个例子，在日本，百元店的平均毛利可以做到40%是业内公开的"秘密"。原因很简单，门店内陈列着的既有成本90日元的商品，也有成本40日元的商品。而作为消费者，既有买很划算的商品的群体，也有买并不是很划算的商品的群体。这不过是我们耳熟能详的关于中国"2元店"的经营策略。

再举个例子，在日本，百元店为了压低成本，常常会通过诸多方法在"量"上进行保证，比如大量进货、大量买断、大量收购。然而要知道的是，这些产品并非都是自主研发，有不少甚至来源于知名厂商的积压库存，被百元店大肆收购后重新包装定价，再次被投入市场进行销售。在这个过程中，甚至也存在百元店品牌自身对自己的滞销产品进行再包装销售的情况。

然而名创优品告诉我们："我的产品一律接近成本定价，8%

的毛利板上钉钉。"

名创优品也告诉我们："我们只做最优设计，不会购买劣质产品，更抵制过度包装。"

可是，如果今天有一家品牌早于创始之初就在创始人的方面做出了疑似"过度包装"的行径，如果明天它号称自己的产品皆来自于世界最知名的供货商，如果后天再抛出什么颠覆行业的惊人内幕，告诉我们它是如何能人所不能、它的产品和理念是多么先进值得一买，那么这让每一个未必具有火眼金睛的消费者如何辨别真假？

在美国的超市里，果汁就是果汁，是什么包装盒上就印什么，很难见到诸如中国饮料厂商在瓶身上做出的诸如"健康快乐每一天"或"极富营养价值"的大肆宣传。

互联网的重要精神之一就是透明化，放在实体零售业，无关乎学术地来看，我更希望将之升华为"坦诚"。

不要让过度包装成为本土特色；

更不要使一个本该秉承着"取其精华去其糟粕""扬长避短各取所长"的"混血儿"品牌，在某种"本土特色"之下接受它的劣习。

这是一篇算不得质疑的质疑，也是一份从消费者角度出发的担心。

而关于正站在风口浪尖的名创优品，我相信，时间会给我们最好的答案。恰如儿时听过的某段书里的定场诗中所写：毁誉从来不可听，是非终究自分明。

2. 压榨供应商引发的恶性竞争？

"名创优品涉嫌过度包装"，若给这句话再加一个下半句，我会说："电子产品饱受顾客质疑。"

那么，名创优品的电子产品究竟出了什么问题？

网友甲：买了不足一个月的耳机掉地上后摔坏了。

网友乙：不足一周，断了耳柄。

网友丙：耳机长得像苹果原装，然而音效差距太大。

网友丁：买了两个月的鼠标失去了反应。

网友戊：买了三个充电宝，全坏了。

……

当然这些例子都只是网友的一面之词，不排除存在用户操作不当的问题。只是在无数针对电子产品"惊人的巧合"之下，叶国富在一次采访中也公开承认："目前投诉率较高的是电子产品。"

有人也许会说："这不就是个关于'过度包装'的绝佳例子吗？"

诚然，许多人喜欢将有关"过度包装"的话题与名创优品是否真的"物美价廉"相关联，也提出了不少关于产品质量"名不副实"的个例。

然而我并非杜某或李某，质量不佳的情况也无法被我所了解的现状用"过度包装"去解释。唯一不必说就可以肯定的是，数码产品出现的问题与供应商脱不开干系。

挺有意思的是，在我们上一节以消费者的视角提出担心之后，在这里我们将要把自己看作供应商，继续对名创优品的产品进行探讨。

其实产品有瑕疵是难免的，比如一向为人津津乐道，且被名创优品推崇有加的日本百元店，其产品也常常受到诟病，日本的消费者甚至在百元店消费后还列出了一份"不能购买清单"。

圆珠笔，有水但却写不出字；

袜子，很快就破了，松紧质量不佳；

记号笔，很快就露白；

橡皮，擦不干净，很快就会折断；

胶水，粘得不牢，很快就会脱落；

洗洁精，不起泡不去污；

……

我们可以看出，与名创优品的数码产品一样，这些问题大多出在质量方面。论起原因则有很多，最主要的大概还要归咎于我们已经知道的关于"大量"的进货策略，无论是向供货商购买库存积压的产品，还是大量买断，图的无非就是两个字：便宜。

因了这种对便宜的追求，当供货商的利益得不到保障的时候，质量问题必然会层出不穷。

毛利可以高达40%的日本百元店尚且如此，那么对于利润仅有8%的名创优品来说，是否会遭遇更大的品质危机呢？

事实上早在互联网上，就有一家自称曾与名创优品合作过的供应商以匿名身份爆出合作细节。虽然这段语气平和的文字既没有引起多少人的关注,也并没有提出什么确实的证据作为佐证,但是仅将之作为一段"经验之谈"或者一个"无关乎名创优品的小故事",同样具有启发意义。

在这里,我们姑且将这家供应商称为G。为免伤及无辜,我们暂且将G在原文中所提及的"名创优品"称为M。

简而言之,供应商G与连锁品牌M有过1年的合作。起初诸事顺利,结算方式为次月结款,也算快捷。

唯一让G产生顾虑的是,M在2015年的合作之初就把价格压得很低。对G来说,利润还不足10%,几经思量,勉强接受。

谁料4个月后又生变故,M进一步压价,将自己秉承着的"微利"理论直接强压在了G身上。G算了一笔账,虽然不合适,但基本还能维持生计。出于M是大品牌且已经有过近半年合作经历的考虑,G忍了委屈:"降价就降价,谁怕谁,总归不会再来一次。"

转眼到了2016年,开年后M给诸供应商发出通知:"你们以后每个月要扣上个月货款的10%作为保证金,6个月后再予以返还。"

年前恰好是出货高峰,G刚刚出约50万元的货款,直接就被扣押了5万元的保证金。而令G有冤无处诉的却是:M店大欺客,总是直接扣钱而不会事前通知。

G想:"好吧,保证金交都交了,再一再二总不至于再三再四,世间的幺蛾子哪有那么多?"

不料一个月之后,M对G说:"另一个供应商Y比你们报价便宜多了,你们还得继续降价!"

于是G失去了全部的利润，G想："没关系，做完这单，我们就和M说拜拜。"

万万没想到，不久后M就收到了客人的投诉，直指G的产品存在质量问题，因此M决定扣除G前两个月的全部货款和之前的保证金，还要G赔10万元给自己。这样一来，G的亏损就超过了70万元……

而G和国外大牌连锁店合作了很多年，从未商检到如此严格。

这个故事到此结束。

也许，我们会对后续事件产生兴趣。

后续是，G已经通过法律产品进行维权，并且对供应商同行们提出了如下几条宝贵建议。

【1】与诸如M这样的大型连锁品牌合作，人脉关系比产品更重要。

【2】选择合作企业，一定要将"尊重供应商"列为关键参考条件之一。

【3】如果有新产品和好产品，不要提供给诸如M这样的企业。

我们暂且假设G的产品真的存在质量问题，也暂且假设M收取10%货款作为保证金的行为旨在品控而非对现金流的运作。

然而诸如M之类连锁企业的行为依然十分不妥当，这将导致两个最严重的问题。

其一是，助长恶性竞争，过分低价势必会带来质量问题。

其二是，对形成长期供应商十分不利。

那么说到这里，我们再来看看叶国富在电子产品出现质量问题后的另一番回应:"我们发现有个别供应商不诚信,第一批货交得好,后面的就交得差,偷工减料。其中有个供应商我们扣了1 000万元货款,我们现在请到日本第三方做品控,正在全力整顿供应商,我相信再有半年时间,这些问题就能够解决好。"

这番回应太过片面,让我们情不自禁揣测:供应商的不诚信究竟来自于个别供应商负责人的"人品问题",还是该归咎于名创优品为追求低价一味压价的行径?后期的偷工减料究竟是供应商的主观行为,还是不得已而为之?

我只提出疑问,并不打算也没有办法做出回答。

互联网兴起了,信息的传播速度变快了,产品的价格开始趋于透明化,看上去这是一个美好的数字化新世界。

然而,整个市场却进入了一个疲软期。这一点在制造行业特为尤甚,甚至从2008年的金融危机结束以后就再也不曾复苏。

人工成本,材料成本,房租水电依旧在水涨船高,可是产品价格却因为互联网时代的特性逐步降低,这"归功于"同行之间因低价引发的恶性竞争,也"得益于"客户不顾产品质量大幅压价。

无论是日渐强势的名创优品,还是开始在偷工减料上打主意的产品生产商,说到底不过都是为了"生存"二字。

名创优品的理念是好的,抛开我们关于货款积压和现金流方面的疑问,它的宗旨始终是将更优质低价的产品提供给顾客,但对供应商的过度压榨所可能导致的一切恶果也将全部由消费者来埋单。

从这点来说,"生存"还是"毁灭",将真的会成为一个问题。

3. 消费者的天使，投资人的魔鬼？

兴许读罢上一小节，我们就不太愿意将名创优品真的作为消费者的"天使"看待了。

然而过度的忧虑是没有意义的，比起我们的臆断，更好的试金石还是时间和市场本身。

无论如何，名创优品"出售优质生活"的理念仍然在被其推行，也的确或多或少"解放"了一批年轻人。从这个角度而言，我喜欢名创优品的产品，它也确实是我们的天使。

但对投资人来讲，情况又如何呢？

也许有人会说："这本就是个不必要质疑的问题，如果不赚钱，谁会开？"

可事实上，在考虑盈利之余，关于品牌和企业本身的潜在风险，也是一个值得深思的问题。

说到这里，我不禁再一次想到了连锁模式与名创优品十分类似的海澜之家。事实上，早在2013年名创优品创办之初，就已经有不少人对海澜之家的连锁策略提出质疑。质疑主要集中在两点，其一是这种"带资加盟"的模式太具备创新意识，考虑有违规集资之嫌；其二是海澜之家对投资者收益的承诺违反了金融市场管理规范。

简而言之，海澜之家的加盟模式，正如其业务拓展部工作人员所言："加盟商总共需要拿出200万元，其中100万元作为押金交给海澜之家，剩下的100万元用于支付店铺的租金、装修、人工以及启动资金。此外，只要加盟商每年缴纳6万元的管理费用，公司就可以保证加盟商税前利润100万元。"

我们不谈这100万元利润的承诺给投资者带来的诱惑性究竟是变相借贷还是涉嫌非法集资，仅谈它所谓的品牌押金，就与名创优品的品牌使用费和货品保证金如出一辙。

而叶国富对全国单店平均日营收2万元、差不多一年回本的说法，也成了虽不违规却如海澜之家那100万元利润承诺一般诱人的诱饵。

对于诸如海澜之家之类的连锁模式，深圳电视台财经评论员朱雁峰就曾表达过他的看法："这种自己不掏钱，用加盟商的钱进行扩张并以加盟为名收取押金的行为，本质更像是一个集资游戏。"

因"集资游戏"而引发的资金风险和法律风险我们不可预估。然而另一项与投资本身息息相关的风险也随之浮出水面：如果海澜之家或名创优品因为资金链问题导致公司运作出现问题，那么加盟商面对的则是血本无归。

也许有人会说："开店嘛，怎么可能不存在风险？"

的确，连锁有风险，加盟需谨慎。事实上我周围也有过加盟了某小商品品牌，随后却遭遇了总部倒闭的朋友。

可对这位朋友来说，总部倒闭不倒闭，与她关系不大。

原因很简单，传统意义上的加盟连锁意味着：自己进货，自己配货，自己决策，自己经营。

而传统的加盟连锁为了招商，往往将品牌使用费和加盟费压至很低。直至总部倒闭，这家企业尚未与我的朋友清算的货款也不过九千余元，因此朋友表示："要不回来就要不回来吧，反正钱也不多。"

我问她："租约未到期，店面怎么办？未来的进货问题怎么办？"

朋友答："接着开，我自己找的货源还便宜些。"

这种现象，就好比全国各地中小学门口数不清的挂着"晨光"牌子却卖着"真彩"产品的"连锁店"。

即便有朝一日晨光品牌不复存在，想必这些加盟商们也仅仅会淡定地处理掉剩余的晨光产品，然后把牌子一摘，继续卖他们的真彩、白雪、得力、齐心或者杂牌……

然而与这样的加盟店不同，海澜之家与名创优品的加盟店更像是"直营店"。投资者往往不懂经营，也不必经营。所有门店的内部管理都由总部负责，投资者没有经验，也接触不到货源，更别提名创优品的产品设计还往往独具匠心，其承诺给消费者的"优质低价"也并非来个人接手就能搞定的。

毫无疑问，一旦以这种形式"玩连锁"的企业出现问题，非但高昂的押金收不回来，甚至整个店面都会成为一个名副其实的"烂摊子"。

企业信誓旦旦的承诺对于投资者来说不足为信，要想规避风险，最重要的还是对其核心商业模式可持续性的考察。

重新定义全球零售业
尾声：100% 的商业模式和 99% 的革命

● REDEFINE THE GLOBAL RETAIL INDUSTRY ●

今天所有的商业模式有99%都会被革命，不革命，就没有办法生存下去。

——叶国富

早先写另一本书的时候,在确定书名之时触碰了"革命"二字,随即被一位细心的朋友告知:"革命"这个词是要慎用的。

革命是敏感的,也是尖锐的。但凡谈及这两个字,仿佛真的就会有哪个活生生的实体血流当场、立马被"革"掉了命。

实则革命是好的,它是时代发展和社会变革的重要历史过程,是引起事物从"旧质"到"新质"飞跃的重要因素,是思想跃进的一个契机。

而它的诞生需要一个合适的培养皿,和一系列基于某种"蝴蝶效应"之下、看似来得漫不经心的"突发事件"。

偏巧不巧的,我们恰见证了一场巨大"革命"的爆发,而引发这场革命的"突发事件"就叫作"互联网"。

互联网浪潮的来临打破了我们从前所理解的诸多商业逻辑,同时也创造出了三个极端适宜"商业模式革命"发展的重要节点:

其一是互联网的萌芽时代——已经从我们记忆里一闪而逝的时代；

其二是互联网发展的巅峰时代——我们脚下所处的时代；

其三是互联网的移动化时代——我们正在并将要见证的时代。

其一直接引发了电商的蓬勃发展和实体零售业的没落；

其三带来了包括美国打车服务企业 Uber 在内的移动互联网生活化商业模式的横空出世。

而其二，则直接促成了互联网金融的热潮和互联网思维的普及。后者唤醒了实体零售业，催生出了今天的名创优品。

它的出现打破了行业的潜规则，以一副势要革掉"99%的商业模式"的"命"的架势，作为一名"价格破坏者"高调登场，将自己的这场革命做到了100%。

这个世界上本就不存在一个关于"革命"的完美过渡方案，在革命爆发伊始，利益"当权者"的态度总是惊人的统一，恨不得把这群堪称异端的"革命者"送上"火刑柱"。

所以同行恨它，供应商恨它，甚至连一部分消费者也不买账。

就连身为"粉丝"的我，也免不了针对心中浅显的疑问，对这场不知将持续多久的商业模式革命做一番"左右互搏"式的质疑。

而名创优品在质疑声中辐射全球逆势扩张的现实则成了其最强硬的回应，它的首战告捷引发了一个时代的反思，也让更多徘徊在实体零售业生死边缘的同行们看到了崛起于这个有关互联网新世界的希望。

可以说，叶国富作为一个白手起家、毫无背景可言的创业者和一个偏执果决的革命者，替中国的实体零售业撰写了一部轰轰烈烈又可歌可泣的传说。

时至今日，我们还无法对他的这场零售"革命"做出最终的、关乎成败的评判。但是在这里，我只想以木心先生的一句话作为全书的结尾：

"凡是伟大的，都是叛逆的。"

致　谢

感谢我的学弟陈恒鑫，他和他的好友福原君帮我完成了内文中日文部分的录入和翻译。

感谢我的至交好友姚珊，她作为一位资深的实体零售业从业者向我分享了诸多宝贵的内幕和经验。

感谢我的好友兼曾经的同事张殷石，她身在异国他乡，百忙之中向我分享了她在海外零售业中的见闻，并传回了精心拍摄的照片。

他的成功，
你也可以复制！